O grande segredo *de* JESUS

Juan Arias

O GRANDE SEGREDO de JESUS

Uma leitura revolucionária dos Evangelhos

Tradução
Cristina Cavalcanti

OBJETIVA

© 2010, Juan Arias Martínez

Todos os direitos desta edição reservados à
EDITORA OBJETIVA LTDA.
Rua Cosme Velho, 103
Rio de Janeiro – RJ – Cep: 22241-090
Tel.: (21) 2199-7824 – Fax: (21) 2199-7825
www.objetiva.com.br

Título original
El Gran Secreto de Jesús

Capa
Marianne Lépine

Preparação de originais
Elisabeth Xavier de Araújo

Revisão
Joana Milli
Raquel Correa
Talita Papoula

Editoração eletrônica
Filigrana

CIP-BRASIL. CATALOGAÇÃO-NA-FONTE
SINDICATO NACIONAL DOS EDITORES DE LIVROS, RJ

A744g

Arias, Juan
   O grande segredo de Jesus : uma leitura revolucionária dos Evangelhos / Juan Arias ; tradução Cristina Cavalcanti. - Rio de Janeiro : Objetiva, 2012.

   Tradução de: *El gran secreto de Jesús*
   152p.   ISBN 978-85-390-0369-3

   1. Jesus Cristo. 2. Fé. 3. Igreja. 4. Cristianismo. I. Título.

12-2186.   CDD: 232.9
                      CDU: 27-312

"O fim e a reabilitação dos mártires na Bíblia e nos Evangelhos são a aventura mais extraordinária e fecunda da humanidade, indispensável à criação de uma sociedade verdadeiramente humana[...] Lenta, mas inexoravelmente, os Evangelhos destroem o poder de fundar novas religiões fundadas na violência."

René Girard

Sumário

Agradecimentos 11

Introdução 13
A grande intuição de Jesus: uma nova raça humana nascerá 15
Um desafio para as Igrejas institucionais 16

PRIMEIRA PARTE DO SEGREDO 19
A origem de Jesus e o anúncio dos mistérios que irá revelar 21
O que fez e onde esteve Jesus dos 12 aos 30 anos 22
Criaram uma Igreja para combater suas ideias revolucionárias ... 24
A sabedoria de Jesus 26
O que significa dizer que Jesus era gnóstico? 26
A Igreja terá de revisar a história dos primeiros anos do
    cristianismo à luz da descoberta dos escritos gnósticos 28
Como reconhecer nos Evangelhos o que Jesus
    realmente disse? 29
Votar nas frases de Jesus com bolas coloridas 30

As palavras-chave do segredo de Jesus: solidariedade,
  compaixão e perdão 31
O perdão supremo de Jesus agonizante 33
O terceiro deus de Saramago 34

Segunda parte do segredo 37
A grande novidade de Jesus 39
A curiosidade do fariseu e intelectual Nicodemos, que procura
  Jesus para conversar no meio da noite 40
A mulher dos cinco maridos e a água que mata a sede
  para sempre 46
A novidade mais revolucionária 50
A grande revolução de Jesus acaba com
  as teologias da Igreja 54
A grande utopia de um mundo sem violência 55
As crianças, emblema do novo 56
O apreço de Jesus por tudo que nasce 58
Deixa os mortos enterrarem os mortos 59
A estreiteza das interpretações espiritualistas da Igreja 61
A ressurreição de Lázaro ou quando
  o homem supera a morte 63
Quando o homem é Deus 64

Terceira parte do segredo 67
A ruptura: tudo em Jesus estava fora da norma 69
O mistério do Reino de Deus ou a Boa-Nova 70
Um reino de liberdade 72
A importância do cotidiano 74
O remendo novo na roupa velha. É preciso criar
  tudo a partir de zero 75
A figueira estéril ou a fé no impossível 76
Um reino de felicidade para todos 78
Ironia sobre a cultura grega. A semente não frutifica plena
  de beleza sem antes apodrecer sob a terra 79

Ódio às aparências 80
Guerra ao velho. "Não vim trazer a paz, mas a divisão" 81
Sonhador e pragmático 83
A superação da família de sangue 84
A chegada da nova era. O germe da nova humanidade 87
Jesus era leigo, não sacerdote 89

QUARTA PARTE DO SEGREDO 91
A teologia da redenção e da cruz é insustentável 93
A difícil entrevista com Pilatos, que o condena
     sem saber por quê 94
A força milagrosa do ser humano 96
A fé leiga também faz milagres 98
Contra o afã consumista: os pássaros do céu e
     os lírios do campo 100
Os animais são melhores que os seres humanos? 101
Quem é o meu próximo? A provocação da parábola
     do samaritano 102
A importância do que Jesus não diz: a questão do sexo 104
Tudo se perdoa a quem muito ama 106

QUINTA PARTE DO SEGREDO 109
A manifestação de um novo poder 111
A revolução do conceito de violência 112
Jesus queria um mundo menos violento aqui e agora 114
O amor aos inimigos: responder ao mal com o bem 115
Um mundo onde ninguém se defenderá
     das agressões do outro 117
A revolução do poder: os últimos serão os primeiros 118
O manifesto da felicidade ou a loucura das
     bem-aventuranças 120
As Igrejas preferem os pobres "de espírito" 122
E se for verdade que os pobres são mais felizes que
     os ricos e os tiranos? 123

SEXTA PARTE DO SEGREDO 125
O amor que tudo perdoa e o papel da mulher
   na mensagem de Jesus 127
Jesus, o grande transgressor da Lei 128
É possível viver como se não houvesse violência no mundo? 129
Jesus não pode ter sido essênio 130
A mulher como metáfora da liberdade 130
A Igreja traiu a liberdade que Jesus concedera à mulher 132
O amor pelo que estava perdido: a ovelha desgarrada e o filho
   pródigo 133
Uma história de violência 137
A raça humana prima pelo poder e pela competição 138
Um mundo sem necessidade de mártires 140
O grande enigma: o perdão a qualquer preço 142
Adeus às religiões e aos templos. Deus vive na consciência
   dos homens 144
Uma pergunta final: Maria Madalena compreendeu Jesus?
   Foi a primeira Apóstola? 146

Agradecimentos

À minha mulher e poeta, Roseana Murray, pelas horas de presença que me deixou roubar-lhe e por me ajudar a descobrir a parte mais divina do ser humano.

Ao meu médico, José Augusto Messias, sem cujos cuidados este livro teria ficado para a outra reencarnação e pelo apoio intelectual prestado em todos os momentos.

Aos meus netos, Kira e Luis, cujos sorrisos me revelam o melhor da vida.

Aos meus fiéis escudeiros Vanda e Samuel, que sempre me cuidaram com os mimos próprios dos filhos e irmãos.

E às minhas gatas, Luna e Nana, que, com a força do seu carinho incondicional, me fazem recordar que o ser humano ainda é humano demais.

Introdução

Será que Jesus foi o detentor de um grande segredo? Os Apóstolos entenderam do que se tratava? Como ele foi revelando pouco a pouco este segredo que continha uma mensagem nova e original? Nos Evangelhos gnósticos, Pedro, o mais velho dos 12 Apóstolos, queixa-se de que Jesus transmitia a Maria Madalena "coisas secretas" que não lhes revelava. De que segredo se tratava? O evangelista Mateus menciona que Jesus costumava se expressar por meio de parábolas e apresenta, no seu Evangelho, a frase do salmo 78 em que Jesus diz: "Anunciarei as coisas ocultas desde a criação do mundo." (Mt 13, 35.) Ainda haverá algum segredo nos Evangelhos, os escritos mais traduzidos do mundo, sobre os quais milhões de livros foram publicados? Será possível dizer algo novo sobre Jesus de Nazaré, o profeta maldito que foi crucificado como louco e subversivo? Jesus sempre foi apresentado como um líder religioso que deu origem a uma nova Igreja nascida do judaísmo, o que não é verdade. Jesus nunca pensou em fundar uma nova religião, pois combatia todas elas devido ao fato de se basearem na violência e nos ritos sacrificiais, na dor e na falta de liberdade.

No entanto, ao analisar os textos antigos sob outra luz, pode-se deduzir que, apesar de empregar a linguagem e a cultura do seu tempo, as quais eram fundamentalmente religiosas, Jesus mira mais longe. Tem outras intuições não só religiosas, mas de transformação da espécie humana. Fala aos homens do seu tempo como se falasse a uma sociedade diferente que houvesse superado as debilidades e os limites da condição humana. Talvez por isso muitos analistas bíblicos afirmem que a sua mensagem é utópica. Na verdade é muito mais do que isso. Curiosamente, tanto as palavras quanto os atos de Jesus traçam uma linha de ruptura absoluta com o seu tempo. Ele emprega paradigmas e metáforas que pouco têm a ver com o homem comum e menos ainda com o do seu tempo, com o qual entrou em conflito. A sua mensagem transcende o cotidiano, e talvez por isso não o entendam nem mesmo quando se expressa por meio de parábolas. Os seus próprios parentes acreditavam que estava louco. As autoridades judias do Templo e as civis e políticas tampouco o entendem, e por isso acabam se unindo para condená-lo à morte. Até Pilatos fica perplexo diante dele e confessa não ver nenhum delito naquele profeta. Ele era somente alguém diferente dos outros, que parecia pertencer a uma época vindoura. Com a maior naturalidade Jesus fazia afirmações que desconcertavam os poderosos. Era o homem do antipoder e da antiviolência. O paradoxo é que os únicos que pareciam entendê-lo, ou ao menos intuir a sua originalidade, eram os marginais da sociedade, os que não tinham nada a perder: aleijados, leprosos, mancos, cegos, mudos, endemoniados, prostitutas e as mulheres em geral. Uma em especial, a gnóstica Madalena, que pode ter sido a sua companheira sentimental e inclusive mãe dos seus filhos, era encarada com desconfiança pelos Apóstolos por conhecer segredos que o Mestre lhes ocultava.

Não é possível analisar os quatro Evangelhos canônicos, os únicos que a Igreja considera inspirados por Deus, sem levar em conta também os Evangelhos gnósticos, descobertos há pouco mais de sessenta anos, ainda pouco estudados e que o catolicismo rejeita como heréticos, talvez por intuir que guardam segredos ainda não revelados sobre a verdadeira personalidade do profeta de Nazaré e de sua doutrina. Os escritos gnósticos podem oferecer uma nova leitura dos Evangelhos canônicos sobre o anúncio do Novo Reino feito por Jesus. À luz destes escritos, o conceito não se refere a uma nova forma religiosa nem a uma nova ética, superior à judaica, mas a algo ainda mais inédito e revolucionário: o salto da atual espécie humana a outra, diferente, não baseada nos cânones da violência. Jesus seria então o encarregado de desvelar o fulgurante rosto desta nova humanidade conforme o conhecimento e a sabedoria gnósticos, e ele o fez em parte nos segredos revelados exclusivamente a Maria Madalena.

A GRANDE INTUIÇÃO DE JESUS: UMA NOVA RAÇA HUMANA NASCERÁ

Jesus teria vislumbrado que, no princípio dos tempos, a espécie humana se afirmou nos pilares de uma violência que só pode ser exorcizada pelo sacrifício de uma vítima em memória do assassinato primordial fundador da cultura humana, como bem intuiu o polêmico antropólogo francês René Girard? Se é o caso, a espécie do Homo sapiens dificilmente dará sozinha o salto para uma sociedade fundada exclusivamente num amor livre do desejo de possuir o outro, visto como rival e objeto de cobiça, e que independa dos mecanismos da violência e da rivalidade mimética evocada em todos os mitos antigos, a começar pelo de Caim e Abel, que exigia, e continua a exigir, sacrifícios e bodes expiatórios. Portanto, a hipótese deste livro é que Jesus pode ter chegado a intuir que a humanidade é e sempre será incapaz de alcançar a total sublimidade do amor, pois é tão violenta em suas raízes quanto os deuses criados e adorados pelos homens. Esta humanidade é muito mais egoísta do que muitos mamíferos considerados inferiores e só mudará quando, paradoxalmente, deixar de ser humana.

A prova de que o atual ser humano não evoluiu muito no âmbito das relações, das emoções e dos instintos é que, apesar de os enormes progressos no campo da tecnologia e das ciências, permanece tão ou mais violento e depredador que o homem do Neolítico e ainda mais egoísta, se isso é possível, com a agravante de ter se tornado um ser acumulador. Daí a ideia, defendida atualmente por muitos sociólogos e cientistas, de que a humanidade atual não pode mudar seus paradigmas de violência e egoísmo sem um salto da espécie. Pode melhorar e continuará melhorando, e, de fato, hoje em dia o ser humano é melhor do que há alguns séculos, como afirmei no meu livro *50 Motivos para Amar o Nosso Tempo* (Objetiva, 2009), mas é imprescindível que dê um salto qualitativo.

Assim como se deu o salto da espécie do mamífero animal para o mamífero homem, a humanidade um dia poderia experimentar uma ruptura qualitativa histórico-biológica e se transformar em outra espécie igualmente inteligente e não fundada no paradigma da violência, mas na reconciliação com os outros. Hoje, os cientistas alinhados com a evolução das espécies não excluem a possibilidade de um salto semelhante, que certamente ocorreria devido a uma evolução do cérebro similar à que ocorreu na passagem do macaco para o Homo sapiens. Não nos referimos às teorias do transumanismo nem do pós-humanismo. É mais do que isso. Não é uma questão de *melhorar* a humanidade atual, especialmente nos aspectos éticos e morais, mas de transformação em uma nova espécie inteligente que não esteja fundada nos pressupostos da violência pessoal e coletiva. Não importa que o salto qualitativo seja alcançado mediante uma mudança genética ou a evolução da ciência moderna, capaz de modificar a atual estrutura humana manipulando o seu cérebro. O que está claro é que sem uma mudança da espécie não conseguiremos nos livrar dos malditos mecanismos da violência fundadora do mundo, algo que René Girard não chegou a perceber.

Um desafio para as Igrejas institucionais

Tenho consciência de estar entrando num campo minado, pois as Igrejas sentem-se proprietárias da interpretação oficial dos Evangelhos e da figura do profeta de Nazaré e não admitem hipóteses arriscadas. Contudo, há mais de quarenta anos me interesso pelos estudos bíblicos, desde que estudei teologia na Universidade Gregoriana de Roma e línguas semíticas, entre elas o ugarítico, que deu origem ao hebraico, no Pontifício Instituto Bíblico, localizado na mesma praça da mencionada universidade. Por isso, estou perfeitamente capacitado para fazer uma releitura dos Evangelhos que não pretende provocar um escândalo inútil – como tampouco foi essa a intenção do meu livro *Jesus, esse Grande Desconhecido* (Objetiva, 2001) – e tenta enriquecer, com um enfoque jornalístico dirigido ao grande público, a copiosa literatura sobre os Evangelhos, alguns dos livros mais estudados, polêmicos e traduzidos do mundo.

Nestas páginas comprovaremos que Jesus indubitavelmente transgride todas as regras e todos os paradigmas da sociedade. O obscuro profeta da minúscula aldeia palestina de Nazaré parece se dirigir a homens e mulheres de uma espécie humana vindoura. Talvez, com a força do amor desinteressado que impulsionava a sua vida, ele se sentisse cidadão deste novo mundo sem violência, do qual acabou sendo vítima inocente e inevitável. Isso significa que, segundo a teoria deste livro, Jesus não falava aos homens da sua época, a esta raça humana? De jeito nenhum. Jesus também falou para nós, seres humanos violentos e ambiciosos inclinados a usar os mecanismos do amor em proveito próprio. O ser humano pode melhorar, e de fato alguns, a começar pelo próprio Jesus vítima da violência, alcançaram a sublimidade do amor que ele propunha. No entanto, as suas intenções e seu alvo iam mais além, e ele nos indicou que o grande segredo que estava revelando era que aquela loucura de um mundo sem violência não era uma simples utopia, e algum dia outros seres humanos, seja lá o nome que recebam, poderiam consegui-lo.

Primeira parte
do segredo

A origem de Jesus e o anúncio dos mistérios que irá revelar

Jesus fala de segredos nos Evangelhos gnósticos e também nos canônicos, que a Igreja considera inspirados por Deus. Como bom judeu, ele tinha muito senso de humor e às vezes brincava com os Apóstolos sobre esses segredos. Em certo momento chega a lhes dizer que usa parábolas "para que não o entendam". Aquele profeta estranho, oriundo da insignificante aldeia de Nazaré, tinha total consciência de ter sido agraciado com uma espécie de iluminação – neste momento não vem ao caso se era algo sobrenatural ou natural – de difícil compreensão por parte dos que o ouviam. No entanto, ao longo dos três anos em que pregou, ele revela algumas pistas desse segredo. O modo como as suas palavras são interpretadas varia muito, e um dos conceitos mais importantes e misteriosos da sua mensagem permanece obscuro 2 mil anos depois: a chegada à terra de um Novo Reino nem temporal nem exclusivamente espiritual, uma vez que, nas suas palavras, ele está germinando no mundo.

Os fariseus e os sacerdotes recebem as novidades de Jesus com receio e, muitas vezes, com hostilidade. Consideram-no um elemento subversivo por questionar preceitos fundamentais do judaísmo, como a sacralidade do sábado. Quando Jesus afirma que o homem é mais importante que a Lei, eles bradam: "Blasfêmia!" Por sua vez, mulheres de todo tipo, como a gnóstica Madalena, as irmãs de Lázaro (a ativa Marta e a contemplativa Maria), a mulher que padecia de um fluxo de sangue, as prostitutas e a adúltera que ele salva da condenação à morte intuem que aquele profeta possui não um, mas vários segredos. Sentem-se atraídas pela força da sua personalidade e por seu quase desprezo pelo que o cerca, levando-o a erguer a vista na direção de novos horizontes, às vezes tão novos que parecem inalcançáveis para o ser humano. Outras pessoas além delas, como os aleijados, os marginais, os diferentes e os desprezados pelo sistema, percebem que Jesus não é uma pessoa de posses, um rico fariseu. Ele também é diferente. Não era só mais um profeta, como os que surgiam pela Palestina naquela época, pois tinha uma força especial. O seu olhar penetrava as pessoas e os corpos, e ele era dono de poderes especiais, como uma incrível sensibilidade tátil. Exemplo disso é o dia em que, rodeado pela multidão que literalmente o esmagava, Jesus pergunta: "Quem me tocou?" Os Apóstolos quase riem. "Pois se todos te estão esmagando", observam. Porém ele sabia que alguém o tocara de um modo diferente, pois sentira uma espécie de descarga elétrica na pele. "Alguém me tocou de uma forma especial", responde ele. Era verdade. Fora uma mulher que padecia de um fluxo sanguíneo e deve tê-lo tocado na esperança de um milagre com uma força de fé diferente dos demais, que simplesmente o empurravam. Jesus sentiu aquele contato amoroso e diferente e a curou.

No entanto, nunca saberemos de ciência certa onde aquele curioso profeta, amado e hostilizado ao mesmo tempo, elaborou as suas conclusões sobre as limitações da raça humana e forjou sua visão totalmente nova de como seria a convivência humana caso um dia uma raça diferente substituísse os modelos da violência e da competição pelos da solidariedade e do compromisso com seus semelhantes.

O QUE FEZ E ONDE ESTEVE JESUS DOS 12 AOS 30 ANOS

Um dos episódios mais obscuros dos Evangelhos é a formação intelectual e social daquele profeta saído das sombras de uma aldeia sem prestígio e, no entanto, capaz de discutir e polemizar com os intelectuais do seu tempo, como os fariseus e os sacerdotes, casta à qual não pertencia. De fato, Jesus era um leigo. Onde estudou? Era realmente um gnóstico?

Viajou para fora da Palestina? A este respeito há um incrível vazio nos Evangelhos que os escritos apócrifos só preenchem parcialmente. Nenhum dos quatro Evangelhos oficiais dedica uma só palavra ao que Jesus fez entre os 12 anos de idade, quando se perde no Templo e sua mãe o repreende pela dor que causa aos pais, e os 30 anos, quando surge na vida pública como profeta. No total, são 18 anos de absoluto silêncio.

Há 2 mil anos este vazio inaudito dá origem às mais diversas hipóteses sobre aquele período. Jesus é descrito viajando pela Índia ou pelo Egito, em contato com os magos locais. Tudo é possível, exceto imaginar que ele tenha permanecido todo aquele tempo confinado à minúscula aldeia de Nazaré, tão insignificante que nem consta nos mapas da época. E tem mais, quando a mencionam é com desprezo: "E de Nazaré pode sair algo que preste?", perguntavam-se os judeus de então. A primeira alusão histórica à cidade natal de Jesus (ele nasceu em Nazaré, e não em Belém) consta em uma inscrição encontrada em 1962 que pode datar dos séculos II ou IV d.C. Nela se lê: "a décima oitava classe sacerdotal (chamada) Hapises (estabelecida) Nazaré".

Recentemente, a arqueologia encontrou mais informações sobre aquela aldeia palestina. Parece que foi fundada por volta do século II a.C. Portanto, não tinha mais de duzentos anos à época do nascimento de Jesus. A aldeia se localizava a uns 300 metros de altitude e só dispunha de uma fonte de água. Subsistia da agricultura, ainda que, por se encontrar a 5 quilômetros de uma cidade importante como Séforis, muitos jovens de Nazaré buscassem trabalho lá, na construção. Daí que os Evangelhos apócrifos apresentem José, o pai de Jesus, trabalhando como ajudante de pedreiro, ocupação que muito provavelmente tenha sido também a primeira de Jesus antes de começar as suas andanças.

Os Evangelhos apócrifos, dos quais uns vinte chegaram até nós entre os diversos que foram escritos nos primeiros séculos da nossa era – já que a maioria foi incendiada ou se perdeu –, tentam suprir, cada um ao seu modo, o silêncio dos Evangelhos canônicos sobre a infância de Jesus. Contudo, muito pouco ou nada dizem a respeito do jovem Jesus antes de iniciar a sua missão pública. Então, o que podemos pensar? Os biblicistas e os teólogos costumam explicar esse silêncio inexplicável afirmando que, para os evangelistas, o que realmente interessava na vida de Jesus eram a sua morte e a sua ressurreição. Eles não eram jornalistas e, portanto, não tiveram curiosidade sobre o que Jesus teria feito naqueles 18 anos, que permanecem um mistério. Se fizermos uma análise hermenêutica dos textos fica difícil pensar que aquele menino, que aos 12 anos exibia uma dose considerável de rebeldia quando os pais o recriminavam por permanecer no Templo sem avisá-los, pudesse ter vivido confinado à aldeia até os 30 anos trabalhando como ajudante de pedreiro, como o pai. Se tivesse sido assim, ele praticamente não teria estudado e só falaria o dialeto de Nazaré derivado do aramaico, que era a língua comum na Palestina da época. Não teria estudado hebraico e grego, línguas que conhecia bem, uma vez que lia a Bíblia em hebraico na sinagoga e, com os gregos que o procuravam, discutia no idioma deles. Além disso, é impossível que tivesse aprendido na pequena aldeia de Nazaré tudo o que depois demonstrou saber. Só alguém que tivesse viajado muito e tido contato com as culturas e filosofias de povos intelectualmente mais desenvolvidos que a obscura Palestina, como os indianos e os egípcios, poderia desenvolver um corpo de pensamento tão novo e original. Só o conhecimento dos movimentos filosóficos e teológicos dos gnósticos permitia discutir com os fariseus, os intelectuais, os sacerdotes e os políticos da época. Até um fariseu importante como Nicodemos, personagem influente entre os judeus, ficou curioso a respeito daquele profeta que fascinava uns e escandalizava outros e procurou-o uma noite para comprovar se era verdade o que se dizia sobre ele. Pelos Evangelhos gnósticos sabemos também das conversas de alto nível de conhecimento que Jesus mantinha, por exemplo, com Maria Madalena, que também seguia a filosofia gnóstica. Além disso, os textos nos dizem que os Apóstolos, a começar pelo impetuoso Pedro, o mais velho dos 12, não entendiam as conversas de ambos e até se queixavam porque Jesus transmitia os segredos daquela sabedoria a Madalena, que ainda por cima era mulher, e não a eles. Naquele tempo as mulheres judias eram proibidas de estudar e ler as Escrituras em público.

CRIARAM UMA IGREJA PARA COMBATER SUAS IDEIAS REVOLUCIONÁRIAS

Curiosamente, para entender a novidade apresentada por Jesus aos judeus do seu tempo com o nome de Reino de Deus ou Reino dos Céus

– que até hoje os teólogos não compreenderam inteiramente – é preciso saber o que ele estudou e os contatos que manteve ao longo dos 18 anos em que forjou a sua cultura e que deram forma às suas ideias tão originais e perigosas para o status quo da época. Tanto é assim que alguém chegou a dizer que, para combatê-las, depois foi preciso inventar uma Igreja. Sem dúvida, nas pregações, parábolas, discursos, aforismos e entrevistas Jesus dá a entender que a sua formação humanista ia além das limitações do judaísmo do seu tempo. Jesus teve contato com gnósticos e essênios e também com o budismo e com o hinduísmo. Desse modo, com toda essa bagagem cultural e religiosa, aliada às suas grandes intuições, ele forjou uma visão privilegiada da fragilidade e da grandeza do ser humano e das engrenagens agressivas e desumanas do poder e da função que a violência – da qual acabaria sendo vítima – tinha e continua tendo desde o princípio do mundo.

Costuma-se dizer que Jesus não era um sacerdote, e isso é verdade. Tampouco era filósofo nem teólogo, e oficialmente era este o caso. No entanto, a sua mente privilegiada lhe permitia não só ler as consciências como também vislumbrar um futuro novo e diferente para a humanidade, longínquo talvez, porém não impossível, pois esta palavra não constava do seu vocabulário. Jesus acreditava no incrível, e o seu pensamento superava os limites impostos por culturas e épocas. Dizem que era um homem do seu tempo. De um lado isso é verdade e de outro não, pois, apesar de conhecer muito bem a época em que lhe coube viver, era capaz de superá-la. Costuma-se dizer que, antes de mais nada, ele era judeu de nascimento e de cultura e até praticava a religião, mas ia além dela. Pareciam-lhe velhas todas as religiões, por isso não fundou uma nova. A sua visão da vida, do mundo e de Deus extrapolava os estreitos horizontes das religiões temporais, geralmente em competição entre si. Assim, ao encontrar a mulher samaritana, ele lhe diz que um dia os homens não necessitarão de templos para invocar Deus, pois o farão "em espírito e em verdade". Jesus era um judeu universal, para quem o homem era capaz de dar um salto qualitativo, um salto genético que o levaria a uma nova dimensão. O seu propósito era se dirigir a essa humanidade que luta para superar os limites da condição humana. Daí a dificuldade de entender, ainda hoje, alguns dos seus paradoxos.

A SABEDORIA DE JESUS

O catolicismo tradicional atribui a uma "ciência infusa" o fato enigmático de que Jesus, que viveu numa aldeia obscura da Palestina na qual não havia possibilidades de estudar, de repente, aos 30 anos, apresentou uma enorme bagagem cultural e desafiou os intelectuais do seu tempo. Como era Deus, declara, nascera com essa sabedoria. Os teólogos modernos e os exegetas rejeitam esta tese, já que até nos Evangelhos se afirma que Jesus foi "crescendo em idade e sabedoria". Portanto, não nasceu com ela, mas a adquiriu com o tempo e com a experiência e, certamente, viajando e entrando em contato com outras culturas e religiões. A sua doutrina, analisada à luz de 2 mil anos de história, ainda hoje é uma mina de conceitos que a cada dia demonstram ser originais e atuais e são objeto de estudo de psicólogos, filósofos, biólogos e psicanalistas. A exatidão desta afirmativa é ratificada pela existência de bibliotecas exclusivamente dedicadas a este tema, como as do Pontifício Instituto Bíblico de Roma, dirigido pelos jesuítas.

Hoje em dia, judeus mais ou menos ortodoxos começam a reivindicar a figura daquele obscuro Jesus de Nazaré, que nunca consideraram um profeta, e a ver nele uma das personalidades mais eminentes e originais do judaísmo antigo, cuja influência na história moderna é incontestável.

O QUE SIGNIFICA DIZER QUE JESUS ERA GNÓSTICO?

De origem grega, o gnosticismo foi um dos mais importantes movimentos teológicos cristãos. As suas crenças possuíam um forte componente filosófico que levou a uma das primeiras teologias cristãs, e a sua líder era Maria Madalena, gnóstica como Jesus. Os Evangelhos gnósticos têm uma concepção do mundo e dos homens muito diferente, por exemplo, da teologia de Paulo de Tarso, que atualmente rege a Igreja. Ambas acabaram se enfrentando; a teologia da cruz de Paulo saiu vitoriosa, e a gnóstica, baseada na força do conhecimento, foi derrotada. Os gnósticos, por exemplo, afirmavam que a raiz da dor e do sofrimento em geral não estava no pecado original, mas na ignorância. O movimento gnóstico já tinha um caráter moderno e revolucionário ao insistir no emprego de práticas terapêuticas e no renascimento interior, no conhecimento e no autoconhecimento como uma percepção íntima. No Evangelho gnóstico de Tomás, Jesus diz o seguinte: "Quem busca que continue buscando até encontrar. Quando encontrar, se perturbará. Ao se perturbar, ficará maravilhado e reinará sobre o todo." (Parágrafo 2.)

Atualmente, os teólogos cristãos mais progressistas defendem a crença gnóstica de que Deus não era só masculino como também feminino; não era só pai, mas também mãe. Para eles, a ressurreição de Jesus não teria ocorrido na ordem física das coisas, mas na ordem simbólica. Além disso, primeiro os místicos e agora os teólogos modernos analisam o modo como os gnósticos empregavam o simbolismo sexual para descrever Deus. Alguns chegaram a considerar que a única forma de experimentar a divindade é por meio do orgasmo sexual. Não foi à toa que os grandes místicos do cristianismo, como Juan de la Cruz, Teresa de Ávila e Catalina de Siena, usaram a linguagem amorosa e sexual para tentar descrever as suas experiências religiosas mais íntimas e inefáveis.

Os gnósticos se atribuem o privilégio de ter recebido especialmente de Jesus, por meio de Madalena, a parte das doutrinas mais secretas que ele não revelou sequer aos Apóstolos. Algumas destas ideias fascinaram o psicanalista Carl Gustav Jung (1875-1961), para quem elas expressavam o lado oculto da mente, como afirma Elaine Pagels, uma das maiores estudiosas do gnosticismo cristão. Jung ficou tão entusiasmado com a descoberta dos 52 manuscritos gnósticos de Nag Hammadi, em 1945, que conseguiu comprar alguns deles. Os manuscritos foram encontrados no Alto Egito dentro de ânforas de barro, onde os monges dos primeiros séculos do cristianismo os guardaram para evitar que a Igreja os queimasse. Contudo, ainda não se conhecem bem as origens do gnosticismo, considerado por alguns uma filosofia de origem judaica e por outros uma influência do platonismo grego e das religiões orientais. Além disso, teólogos católicos e protestantes se dividem entre os que creem que o gnosticismo é a primeira heresia cristã, como Adolf von Harnack, e aqueles, como Walter Bauer, para os quais os gnósticos eram cristãos em toda a extensão da palavra e essa seria a apreciação dos primeiros grupos cristãos, nos quais as mulheres tiveram grande influência.

O gnosticismo provavelmente foi uma síntese de várias filosofias e teologias, algumas de origem iraniana, e constituiu a primeira tentativa de dar um corpo doutrinário filosófico-teológico aos ensinamentos de Jesus em contraponto à outra concepção teológica, elaborada por Paulo, que representa quase a antítese do gnosticismo. Esta pode ter sido a origem dos duros enfrentamentos entre Pedro, mais gnóstico, e Paulo, mais inclinado à teologia da cruz.

A IGREJA TERÁ DE REVISAR A HISTÓRIA DOS PRIMEIROS ANOS DO CRISTIANISMO À LUZ DA DESCOBERTA DOS ESCRITOS GNÓSTICOS

Sem dúvida, o descobrimento dos ainda pouco estudados 52 manuscritos gnósticos, nos anos 1940, levará a uma revisão da história dos primeiros séculos do cristianismo, quando os gnósticos foram perseguidos e assassinados e as suas obras foram incendiadas. Naquela época, o pensamento gnóstico, menos dogmático que o paulino, impregnara o cristianismo dos primeiros séculos. Isso fica patente na grande quantidade de correntes de pensamento que havia antes do surgimento do "pensamento único" formulado por Paulo, baseado na teoria da redenção e da salvação graças à morte e à ressurreição de Jesus. Hoje é impossível interpretar os textos evangélicos, particularmente o Evangelho de João, o mais gnóstico de todos, sem nos aprofundarmos nesta teologia. À luz dos textos gnósticos, os Evangelhos e os ensinamentos de Jesus adquirem uma nova dimensão, menos sacrificial e mais inspirada no conhecimento do mundo e das pessoas.

Como veremos mais adiante, é curioso que a teologia baseada na cruz e no sacrifício voluntário de Jesus para carregar os pecados do mundo contraste com o exame dos Evangelhos, nos quais ele não se apresenta como um herói disposto a redimir a humanidade dos seus pecados. Pelo contrário, após ler os relatos, fica claro que Jesus não queria morrer. Suou sangue porque teve medo da crucificação, a pena de morte dos romanos que invadiram a Palestina. Ele inclusive pede a Deus que o poupe daquela morte e, enquanto agoniza, queixa-se de ter sido abandonado.

Nos Evangelhos gnósticos a figura de Jesus difere muito da que apresenta a teologia católica tradicional. Para Jesus, como para os gnósticos, a origem do pecado, da dor e dos sofrimentos está na ignorância, em não compreender por que as coisas ocorrem. A sua teologia não é a da cruz, mas a da solidariedade e do respeito pelo ser humano. Para Jesus, como para os gnósticos, Deus não criou um mundo perfeito que é corrompido pelo pecado. O importante para Jesus é a liberdade dos homens e como ela pode aperfeiçoar ou piorar a criação. Contudo, a liberdade está acima de qualquer preceito sagrado. Então, para entender melhor que Jesus detinha um grande segredo é necessário mergulhar ainda mais nos misteriosos escritos gnósticos, de uma grande profundidade conceitual e que oferecem uma visão nova do primeiro cristianismo e da vida e da psicologia humanas. Boa parte daquela doutrina gnóstica está presente nos ensinamentos de Jesus se soubermos lê-los com outra lógica: a da novidade e da radicalidade absolutas.

COMO RECONHECER NOS EVANGELHOS O QUE JESUS REALMENTE DISSE?

Uma pergunta necessária, antes de entrarmos na nossa interpretação do que é dito nos Evangelhos, é como saber se Jesus realmente pronunciou aquelas palavras ou se devemos atribuí-las aos evangelistas, pois hoje se sabe que os quatro Evangelhos canônicos – Mateus, Marcos, Lucas e João – são uma mistura de narrativa histórica com a teologia das primeiras comunidades cristãs. Na verdade, os evangelistas não foram inocentes ao escrever, pois tinham em mente os problemas e as lutas das primeiras comunidades, inicialmente compostas por judeus que continuaram frequentando a sinagoga. A sua identidade é desconhecida e, apesar de a Igreja lhes ter atribuído autoria, sabemos que os evangelistas às vezes modificavam as palavras do Mestre para atacar inimigos como os fariseus, por exemplo, que terminaram sendo alvo dos primeiros cristãos que se sentiram perseguidos por eles. Contudo, no tempo de Jesus não era assim. Pelo contrário, os fariseus eram os mais curiosos e interessados no novo profeta. Convidam-no a comer nas suas casas, discutem com ele e o respeitam. Chegou-se a pensar que Jesus pertencia à seita dos fariseus, que tentavam cumprir os ensinamentos judaicos ao pé da letra, porém, sendo mais liberal, Jesus acabou polemizando com eles, pois os considerava excessivamente legalistas.

Em outras ocasiões, quando se dirigem aos pagãos, os evangelistas atacam duramente os judeus por terem causado a morte de Jesus. Isso explica, por exemplo, que existam mais de nove diferenças substanciais nos relatos dos quatro evangelistas sobre o processo, morte e crucificação de Jesus. Como justificá-las justamente quando narram um fato tão importante como a sua morte? Isso ganha sentido se entendermos que os Evangelhos são uma interpretação dos fatos e que os evangelistas os modificavam não para falsificá-los, mas para acomodá-los aos seus interesses e circunstâncias.

Não conhecemos os verdadeiros autores dos Evangelhos nem a data em que foram escritos, porém há certo consenso de que foi entre os anos 60 e 90 d.C. Desconhecemos qual deles é o mais antigo. Para uns é o de Marcos; para outros, o de Lucas. Contudo, não há dúvida de que o mais tardio e o que mais se afasta da linha dos chamados sinópticos – os de Mateus, Marcos e Lucas, que beberam da mesma fonte mais antiga – é o de João, de autoria desconhecida ainda que seja atribuída ao apóstolo João.

Os biblicistas sempre sonharam encontrar a chamada Fonte Q ou Evangelho Q, uma espécie de coleção de mais de duzentas frases atribuídas a Jesus que seriam mais antigas que os Evangelhos e teriam inspirado as narrativas dos evangelistas. Esta coleção foi conhecida originalmente como *Quelle* (palavra alemã que significa "fonte"), designação atribuída por H. J. Holtzmann, em 1861, e definitivamente abreviada por J. Weiss, em 1890 para Q, como é conhecida hoje. Trata-se de um documento muito importante que deve ter desaparecido depois da escritura dos Evangelhos de Mateus e Lucas e foi um dos documentos mais antigos da primeira comunidade judaico-cristã. Infelizmente ele não chegou até nós e não sabemos se os evangelistas nos transmitiram as frases literais ou se as transformaram. Tampouco sabemos se eles se referiram a todas as frases atribuídas a Jesus ou se omitiram as que lhes pareceram inconvenientes.

VOTAR NAS FRASES DE JESUS COM BOLAS COLORIDAS

Os especialistas em assuntos bíblicos sempre quiseram saber quais frases postas na boca de Jesus são autênticas e quais não são. Por isso, em 1985 um grupo de bibliólogos se reuniu num encontro chamado Seminário de Jesus para discutir e votar quais das mais de 1.500 frases atribuídas a Jesus seriam ou não autênticas e em que medida. O estudo deu origem ao livro *The Five Gospels: What Did Jesus Really Say? The Search for the Authentic Words of Jesus* [Os cinco Evangelhos: O que Jesus realmente disse? À procura das autênticas palavras de Jesus]. O livro menciona cinco Evangelhos e não quatro, porque leva em conta o Evangelho gnóstico de Tomás, que acabara de ser descoberto.

Os biblicistas votaram na autenticidade das palavras de Jesus usando bolas coloridas. As bolas vermelhas indicavam que a frase era original; as roxas expressavam algumas dúvidas; as cinzas indicavam que elas só transmitiam ideias baseadas numa frase original perdida e as pretas significavam que as palavras originais haviam sido embelezadas ou modificadas pelos evangelistas. O resultado final foi que só umas vinte frases foram consideradas originais, realmente pronunciadas por Jesus tal e como aparecem nos Evangelhos. Quais são elas? Curiosamente, trata-se dos dizeres que a Igreja sempre considerou de difícil interpretação, as frases mais duras contra os poderes constituídos e as mais enigmáticas e surpreendentes, como "Deixa os mortos enterrarem os mortos". Estas são justamente as palavras e narrativas mais usadas neste livro e que, curiosamente, mais que o resto dos Evangelhos, confirmam a nossa tese de que Jesus propunha uma ruptura total com o sistema existente e falava para uma possível raça futura de seres inteligentes diferente da atual, baseada na solidariedade, no amor aos inimigos, na aceitação dos diferentes e no respeito à dignidade da pessoa, sem qualquer distinção de raça, fé, gênero etc., e não na violência.

AS PALAVRAS-CHAVE DO SEGREDO DE JESUS: SOLIDARIEDADE, COMPAIXÃO E PERDÃO

Ao mencionarmos o segredo de Jesus vamos juntar uma série de palavras cunhadas e carregadas de significados pela tradição cristã para decodificá-las e descobrir o verdadeiro sentido que Jesus lhes queria imprimir, embora empregasse a linguagem bíblica tradicional. A Igreja impregnou de espiritualismo e sentido de poder uma série de palavras cujo significado original precisamos recobrar. A atual dificuldade de entender o genuíno significado moderno e leigo de palavras como misericórdia, perdão, compaixão etc. deve-se a que sempre foram lidas à luz do comportamento de Deus em relação aos homens e não dos homens entre si. Se Deus é misericordioso é porque é superior, melhor que o homem e demonstra misericórdia com este. Em resumo, a sua atitude indica poder. Deus está acima do homem. Consequentemente, quando um homem perdoa outro há o perigo de que se sinta superior, como Deus. O mesmo pode-se dizer da palavra compaixão. Nas Igrejas, ela foi adquirindo uma conotação semelhante à de misericórdia. Deus é compassivo com o homem porque é bom, e o homem, pecador. Por isso, trata as suas fraquezas com compaixão. O mesmo ocorre com o perdão. Deus perdoa exercendo o poder de perdoar, já que é superior ao homem. Estas e outras palavras, como "graça", "espírito" e até "caridade" devem ser lidas neste livro de outro modo. Assim, quando o profeta Oseias afirma que Deus quer amor e não sacrifícios, refere-se à divindade, e não aos homens. Deus prefere que os homens o honrem com atos de misericórdia e não com o sangue dos animais. Essas palavras de Oseias são um avanço, mas ainda se referem a uma ação de Deus. A perspectiva muda com Jesus, quando se apropria da frase de Oseias "amor quero, e não sacrifícios". Ele já não se refere a Deus, mas aos homens. São eles os que devem se mostrar misericordiosos uns com os outros sem nenhuma conotação de poder. Quem exerce a misericórdia não é superior a quem a recebe. Trata-se de uma ação de reciprocidade cujo significado atual seria "solidariedade". Jesus não empregou exatamente essa palavra, mas este era o seu significado quando ele pedia aos homens que fossem misericordiosos entre si, não para um esmagar o outro com a sua superioridade ética, mas porque todos somos filhos do mesmo pai, somos igualmente dignos e ninguém deve sentir-se humilhado ou desvalorizado por receber ajuda do próximo. Não se trata de presentear o outro, mas de exercer o amor mais puro, que é desinteressado.

Hoje em dia, quando as Igrejas usam a palavra "compaixão" – e especialmente os teólogos da libertação, apesar do contexto progressista – pode ocorrer que ela seja usada, como acontece com a palavra misericórdia, como signo de poder não de Deus sobre o homem, mas do homem que se sente superior sobre o outro, ao ofertar-lhe a sua compaixão. Etimologicamente, "compaixão" significa sofrer com o próximo, isto é, colocar-se no lugar dele e sentir o que ele sente. Isso era precisamente o que fazia Jesus ao dizer: "Tenho compaixão por essas pessoas." Não era um gesto de superioridade, mas palavras que expressavam pena dos outros, das suas dores, suas angústias e limitações. Ele as sentia com dor na alma; vivenciava a dor alheia na própria pele. Jesus chora ao ver o amigo Lázaro morto, e essa é a verdadeira compaixão, a verdadeira amizade.

O PERDÃO SUPREMO DE JESUS AGONIZANTE

A situação descrita anteriormente se repete com a palavra "perdão". Jesus afirma repetidamente que os homens devem perdoar uns aos outros, a ponto de fazerem o bem a quem lhes faz o mal. Isso não seria um indício de poder, como quando Deus perdoa ou o sacerdote católico diz que perdoa os nossos pecados, pois nestes casos se trata de alguém que tem o poder superior de perdoar o pecador, o fraco. Quando Jesus usa a palavra perdão, ela adquire outro significado. Ele alude a uma sociedade e uma humanidade em que todos devem perdoar e ser perdoados porque todos ofendemos, e devemos esquecer as ofensas para não deixar brotar a violência destrutiva. Não é possível distinguir entre bons e maus por sermos moldados do mesmo barro, frágil e belo.

Assim, quando está agonizando na cruz, Jesus tem um dos gestos mais sublimes: pede a Deus que perdoe os que o estão matando, não por Deus ser bom e capaz de perdoar os homens, mas "porque não sabem o que fazem". Provavelmente sabiam, mas Jesus chega ao extremo de não precisar perdoar por não se sentir ofendido. É um fato que, em infinitas ocasiões, os homens causam mal uns aos outros sem saber o que fazem e sem perceber o alcance ou as consequências dos seus atos, por isso sempre devemos estar inclinados ao perdão. Hoje você me ofende, amanhã serei eu. O importante é não desencadear uma espiral de violência e raiva e sermos incapazes de perdoar, porque em algum momento todos vamos precisar de perdão por sermos iguais no bom e no ruim, já que ninguém é superior ao outro, nem mesmo quando perdoa.

O terceiro deus de Saramago

Estava envolvido na escrita deste livro quando fiz uma pausa para ler o blog sempre estimulante e inteligente do Nobel de literatura José Saramago, e me surpreendi ao deparar com um capítulo intitulado "Um terceiro deus". Saramago deseja a invenção de um terceiro deus, que ele não nomeia, e elabora uma hipótese a respeito. Depois da invenção do Deus do cristianismo e de Alá, o deus de Saramago teria uma função muito parecida com o tema básico deste livro. Segundo o escritor português, autor de *Caim*: "Já que inventamos Deus e Alá, com os desastrosos resultados conhecidos, a solução talvez seja criar um terceiro deus com poderes suficientes para obrigar os impertinentes desavindos a depor as armas e deixar a humanidade em paz." O nosso livro não anuncia pela boca de Jesus a chegada de um novo deus que porá fim à violência do mundo e dos homens, dos povos e das civilizações, das famílias e dos indivíduos, mas anuncia a possibilidade, vislumbrada pelo profeta judeu de Nazaré, de uma nova raça humana (seria o terceiro deus de Saramago) fundada na paz, na harmonia e na reconciliação entre as pessoas, em vez da violência, dos holocaustos e das vítimas sacrificadas.

Saramago, o eterno pessimista, tem contas a ajustar com o terrível deus do Sinai e, como fazemos neste livro, assevera que todos os deuses e todas as religiões, do homem do Neolítico até hoje, estão impregnados de violência. Nunca houve deuses pacíficos – à exceção daquele sonhado pelo grande quixote de Nazaré –, pois todos, assim como as religiões criadas em seus nomes, foram deuses projetados pelos homens como espelhos dos seus medos. Quando são desobedecidos, esses deuses semeiam pânico e sentimentos de culpa e anunciam castigos e catástrofes. O pessimismo atávico de Saramago abriu uma brecha para o otimismo no seu blog do dia 21 de agosto, justamente por meio do terceiro deus que ele criou, que seria capaz de impor a paz sobre as guerras e hostilidades. No entanto, o seu otimismo não é completo, pois o blog termina com uma nota pessimista: "O mais provável, contudo, é que isso não tenha remédio e as civilizações continuem entrando em choque umas com as outras", escreve ele. O pessimismo do autor de *Ensaio sobre a Cegueira* é realista. As competições, as lutas caimitas, os enfrentamentos e as disputas pelo melhor prato de feijão são parte da natureza humana e a metáfora de Saramago do terceiro deus é como um arco-íris num céu tempestuoso, capaz de trazer paz à terra. O simples fato de tê-lo sonhado, ainda que termine por destruí-lo como a criança que quebra o brinquedo recém-estreado, é um primeiro passo na busca impossível de um mundo menos manchado com o sangue dos irmãos, que nos permita viver em paz e de mãos dadas na solidariedade e no desejo de felicidade para todos.

Saramago sabe que não há deuses bons, e o terceiro deus misterioso que acaba de inventar e traz na boca o ramo de oliva da paz por fim lhe provoca pavor e ele suplica, já que trouxe a harmonia ao mundo, que "faça o favor de se retirar da cena onde ocorre a tragédia de um inventor, o homem, escravizado pela sua própria criação, Deus".

A esperança final é que a serenidade e a harmonia entre os homens não sejam trazidas pelos deuses, nem pelo terceiro deus criado de Saramago, mas pela magia científica da evolução do cérebro humano atual ou de alguma proteína do organismo que faça o homem se inclinar definitivamente à felicidade da paz, em vez de aos horrores e tormentos da guerra.

Segunda parte
do segredo

A grande novidade de Jesus

Antes de Jesus, ninguém havia apresentado uma novidade tão radical nas relações entre os homens e destes com Deus. O projeto de vida daquele profeta judeu desconcerta pela absoluta transformação apregoada nas suas propostas. Ele não propõe aperfeiçoar a situação atual, mas sim algo completamente diferente. Todas as metáforas e os simbolismos que ele empregava ao predicar ou discutir com os fariseus, ou ao ofertar os seus ensinamentos aos Apóstolos – em sua maioria pescadores analfabetos, dotados unicamente de um coração puro –, falam de um novo começo, porque o atual está caduco; segundo ele, a humanidade deu tudo o que podia e é preciso experimentar um salto quântico para entrar numa nova dimensão do amor.

Deste modo, ao velho fariseu e intelectual Nicodemos, que o procura durante a noite intrigado com as suas afirmações, Jesus diz sem rodeios que, para conseguir entender o que ele conta em público, deveria nascer de novo, voltar ao ventre da mãe e renascer em outra dimensão. À mulher samaritana que encontra à beira do poço ele lança o desafio de beber daquela água, pois é tão diferente das outras águas que quem a prova nunca mais tem sede. E conta-lhe que haverá o dia em que os homens não precisarão de templos nem catedrais para encontrar e rezar a Deus. A sua novidade é tão drástica que em outra ocasião ele enuncia uma frase, até hoje misteriosa, que tem uma força incrível: "Deixa os mortos enterrarem os mortos." Além disso, para simbolizar que tudo tem de reviver, vai à tumba do seu amigo Lázaro, morto havia quatro dias, e o ressuscita. Como no tempo de Jesus as mulheres e crianças eram consideradas quase animais, sem direitos nem privilégios, quando um grupo de crianças se aproxima dele, os Apóstolos as espantam como se fossem moscas incômodas. Jesus os recrimina e pede que deixem as crianças se aproximarem, o que significa uma novidade sem precedentes. Então pronuncia a sentença inapelável: "Quem transviar um destes pequeninos [...] mais lhe valia que lhe pendurassem ao pescoço uma pedra de moinho e o jogassem no fundo do mar." Finalmente, a suprema mudança, o grande segredo, é a substituição dos sacrifícios de animais pela misericórdia, isto é, a solidariedade entre os homens. De nada serve o sangue dos cordeiros sacrificados no Templo, se depois não somos solidários com os nossos semelhantes. Quem ele anuncia não é um Deus sedento de sangue, mas pleno de amor por tudo e todos, assim como ele era com tudo o que o rodeava. Jesus não condenava, só salvava. Ele reservava as condenações para os que abusavam dos menores e indefesos.

Em definitivo, as palavras de Jesus, pelas quais acabou pregado a um tronco, eram tão absolutamente novas que até hoje são objeto de polêmica entre os próprios cristãos, que viram no profeta de Nazaré um mero fundador de religião, e não alguém que tentava revolucionar o presente e mudar radicalmente as estruturas do mundo, baseadas na injustiça e no poder tirânico. Na verdade, as suas propostas ainda não foram entendidas como algo capaz de abrir passagem a um novo tipo de ser humano. Por isso são minimizadas ou sublimadas. Tudo, menos aceitas pelo que são: uma novidade capaz de nos desarmar por completo.

A CURIOSIDADE DO FARISEU E INTELECTUAL NICODEMOS, QUE PROCURA JESUS PARA CONVERSAR NO MEIO DA NOITE

Há um personagem curioso e emblemático que, ignorado pelos Evangelhos denominados sinópticos – os de Mateus, Marcos e Lucas –, somente figura no Evangelho de João, dirigido especialmente ao mundo helênico, escrito em grego e criado quando as primeiras comunidades cristãs agiam longe dos confins de Israel. Este personagem é Nicodemos, a quem o Evangelho de João dedica particular atenção. Quase todo o terceiro capítulo trata dele, que é citado outras duas vezes: na noite em que Jesus é julgado e condenado à morte e quando o seu corpo crucificado é embalsamado. Nicodemos pertencia à seita dos fariseus, o que significa que era um intelectual. Dizem que era líder dos judeus, rico, mestre da Lei e membro do sinédrio, uma perfeita autoridade com que Israel contava naquele momento. O colóquio entre ambos na noite em que se encontrou com Jesus é uma verdadeira peça literária repleta de sutilezas, e Jesus a encheu de palavras carregadas de ironia. No entanto, é pena que João, como fazem os demais Apóstolos em outros trechos dos Evangelhos, nos dê tão poucos detalhes. Evidentemente eles não eram jornalistas e o seu único interesse era o fato de que Jesus não foi bem recebido pelos seus, que no final o mataram injustamente. O resto dos acontecimentos vividos por Jesus lhes importava menos. Em que lugar Jesus e o mestre da Lei se encontraram? E quem preparou o encontro? Alguém mais estava presente? Foi na rua ou na casa de alguém, uma vez que Jesus não tinha moradia fixa? Em que momento da vida de Jesus ocorreu o encontro? De qualquer modo, Jesus teve com o sábio Nicodemos um dos diálogos mais apaixonantes da sua vida, junto com o da mulher samaritana e o de Pôncio Pilatos, que o condenou à morte.

O evangelista João conta que Nicodemos foi visitar o profeta quando este já era famoso por seus prodígios, como curar os cegos, fazer os paralíticos andarem, multiplicar pães e peixes e até ressuscitar os mortos. O mestre da Lei visita Jesus "à noite". Não queria publicidade. O seu gesto era muito arriscado e o encontro com o profeta nazareno, sempre rodeado pela escória da sociedade e considerado praticamente um louco, exigia seriedade, já que não pretendia repreendê-lo. O poder costumava desprezá-lo porque, além disso, era natural de Nazaré, um povoado sem a menor importância. "Algo bom pode sair de Nazaré?", perguntavam-se judeus e fariseus. Por isso inventam que nasceu em Belém, de onde provinha o rei Davi, mas isso não é verdade. Certamente Nicodemos era um personagem interessante e curioso, um ser espiritual e humanamente inquieto. Ele estava intrigado com aquele profeta que dizia coisas que se desviavam profundamente de vários ensinamentos judaicos e anunciava um misterioso Novo Reino, uma Boa-Nova, um grande segredo. Será que não bastava tudo o que estava escrito na Bíblia, o Grande Livro da Tradição de Israel?

Por que o encontra durante a noite

Os biblicistas têm especulado sobre o fato de Nicodemos encontrar-se com Jesus "na hora da nona", isto é, ao cair da noite. Atribuem-lhe certa prudência, covardia e até o temor de que outros fariseus o vissem conversar com aquele profeta sem moradia fixa, rodeado de discípulos analfabetos. Nicodemos era um sábio e um intelectual. Em minha opinião, não se tratava disso. Em duas outras ocasiões ele demonstrou não ser um homem medroso. Primeiro, ao defender Jesus perante os membros do sinédrio, que o queriam condenar sem antes julgá-lo, o que lhe valeu a acusação de ser seu discípulo. Depois, quando Jesus já estava morto e os Apóstolos, mortos de medo, desaparecem, surge Nicodemos na companhia do rico e nobre José de Arimateia, e juntos se encarregam de sepultar e embalsamar o corpo crucificado de Jesus. Arimateia oferece um sepulcro novo de sua propriedade e Nicodemos oferta cem libras (uns 30 quilos) de mirra e aloé. Então, por que sempre se deu tanta importância ao fato de Nicodemos encontrar Jesus "no meio da noite"? Certamente por ser um intelectual, um mestre da Lei, ele não quis conversar com Jesus rodeado dos que o sufocavam buscando a cura para alguma enfermidade, e preferiu vê-lo a sós, com calma e tempo para interrogá-lo a fundo e descobrir o que havia de secreto, novo ou falso na doutrina do nazareno. Para isso precisava encontrá-lo a sós, e isso só era possível à noite, pois Jesus passava o dia nas ruas, cercado de gente.

Finalmente, Nicodemos alcança o seu objetivo e eles conversam sobre o tema central do grande segredo que tanto intrigava e assustava: a chegada do Novo Reino dos Céus. O que significava aquilo? Pois Jesus mais de uma vez repetira que não se tratava de um reino "temporal" e tampouco da libertação do povo judeu da tirania romana. Ainda assim, o personagem de Nicodemos é tão especial e a sua conversa com Jesus tão importante e desconcertante que até hoje há quem negue a historicidade do episódio e afirme se tratar de um personagem literário criado pelo evangelista. Por isso ele não aparece nos outros Evangelhos sinópticos. Mas a realidade é outra. João quis registrar a veracidade do relato e, além de narrar a conversa entre o importante fariseu e Jesus, menciona-o outras duas vezes, de forma muito real e concreta, na vida do profeta.

Neste ponto devemos destacar um fato curioso: precisamente nesta passagem João menciona pela primeira vez o "Reino dos Céus", uma expressão sinóptica. O Evangelho de João foi escrito cerca de sessenta anos após a morte do Mestre, e o autor emprega a palavra "vida" para falar da nova realidade predicada por Jesus, que o diferenciou de todos os profetas anteriores e que era o verdadeiramente novo da sua pregação. Este é o Evangelho do logo, com uma forte influência grega, e nele há ênfase na força da Palavra, metáfora da Vida. Não é à toa que é o Evangelho mais estudado por filósofos e cientistas da linguagem, psiquiatras e psicanalistas, assim como fora estudado pelos filósofos gregos. É o mais gnóstico dos quatro Evangelhos.

Por que os três Evangelhos sinópticos ignoram este relato

O mais provável é que os três Evangelhos sinópticos ignorem propositalmente o personagem por terem sido escritos durante a polêmica entre judeus e fariseus, os quais foram acusados pelas primeiras comunidades cristãs de terem crucificado Jesus. De fato, não lhes interessava apresentar a exceção de um fariseu que, sendo "líder dos judeus", tivesse demonstrado tanto respeito e interesse pela nova doutrina. Além disso, Nicodemos, judeu e membro do sinédrio, se arriscou ao exigir que Jesus fosse julgado segundo a justiça, e não sumariamente, e depois do grande fracasso da morte na cruz, se expôs publicamente com o gesto caritativo de embalsamar o corpo do profeta segundo o costume judaico, sem temer os comentários alheios. Para os Evangelhos sinópticos seria melhor que nenhum judeu, e menos ainda alguém da envergadura de Nicodemos, tivesse defendido Jesus e se interessado tanto pela sua doutrina.

O Evangelho de João relata o encontro de maneira muito sóbria: "Havia um homem entre os fariseus chamado Nicodemos, príncipe dos judeus. De noite foi falar com Jesus, dizendo: 'Rabi, sabemos que vieste como Mestre de parte de Deus, pois ninguém poderá fazer os sinais que fazes, se Deus não estiver com ele." (Jo 3, 1-2.) Não há segundas intenções nas palavras de Nicodemos. Suas primeiras palavras denotam um personagem respeitoso, que não se aproxima de Jesus para provocá-lo e denegri-lo como muitos outros fariseus ou sacerdotes do Templo. Nicodemos é elegante e não trata Jesus como mais um profeta entre os que surgem naquela época, às vezes simples charlatães e embusteiros. Trata-o respeitosamente e reconhece que, se os milagres que lhe atribuem são verdadeiros como parecem, ele deve ser um homem de Deus e não um endemoniado, outra acusação recorrente dos fariseus. Assim, no relato dos acontecimentos Jesus expõe rapidamente ao sábio judeu o cerne da sua doutrina: "Em verdade, em verdade, te digo: quem não nascer do alto não verá o Reino de Deus." (Jo 3, 3.) Jesus não era de meias-tintas. A sua proposta é radical. Não basta nascer judeu para ser um bom filho de Deus. A vida que os homens levam é velha, não serve mais. O que ele propõe é totalmente diferente: é preciso renascer. Começar de novo. De acordo com a resposta de Nicodemos a Jesus, que de fato é uma pergunta, ele deve ter ficado perplexo: "Perguntou-lhe Nicodemos: 'Como o homem pode nascer, se já é velho? Acaso pode entrar de novo no seio da mãe e tornar a nascer?'" (Jo 3, 4.) Jesus responde-lhe que não só é possível como também indispensável tornar a nascer para encontrar outra vida, outra dimensão dominada pela luz e não pelas trevas, que "não nasce da carne, mas do espírito". Jesus deve ter notado a expressão de assombro do fariseu e explica, para tranquilizá-lo: "Não te admires de ter dito: é preciso nascer do alto. O vento sopra onde quer e lhe ouves a voz mas não sabes de onde vem nem para onde vai. Assim é todo aquele que nasceu do Espírito." (Jo 3, 7-8.) O intelectual judeu volta a se surpreender com as metáforas de mudança propostas por Jesus: "Respondendo, disse-lhe Nicodemos: 'Como pode ser?'" (Jo 3, 9.) Jesus não se altera. Não se incomoda com a visita daquele membro do sinédrio. Não teme discutir com ele e inclusive exibe a sua ironia, que usara em outras ocasiões, como quando os fariseus o provocaram, chegando mesmo a ser duro com eles. Não se intimida diante do mestre da Lei Nicodemos e quer conversar com ele sem animosidade. A sua ironia é benévola. É como se respondesse colocando a mão no ombro do velho fariseu: "Tu és mestre em Israel e não compreendes?" (Jo 3, 10.)

Nicodemos o tratara respeitosamente de mestre e Jesus responde no mesmo tom, chamando-o também mestre de Israel. A recriminação de Jesus é suave.

À primeira vista, caberia perguntar como Nicodemos poderia saber estas coisas se se tratava de uma doutrina totalmente inovadora que escandalizava fariseus e sacerdotes e ninguém a compreendia, pois falava da chegada de um Novo Reino que não era temporal e tampouco unicamente espiritual, e podia ser provado nesta terra. No entanto, Jesus tinha razão, pois a sua novidade – o grande segredo que revelava sobre uma humanidade completamente distinta, livre das amarras dos mecanismos violentos nas relações humanas e entre os povos, essa nova dimensão que, como o vento, é indefinível e impalpável, porém real, e que pode ser ao menos imaginada – já existia de alguma forma em germe nos profetas judeus da antiga Bíblia, de Isaías a Jeremias.

Deus não julga

É possível que o evangelista João tenha acrescentado, na longa conversa entre Jesus e Nicodemos, os trechos que aproximam Jesus da divindade quando diz que veio do céu e é quem conhece o Pai. Contudo, a parte importante, que certamente não pode ter sido inventada e constitui a essência do encontro, diz que Jesus não propunha um simples aperfeiçoamento da vida, nem sequer uma vida mais livre do pecado. Ele não pedia aos seus que fossem melhores judeus. A sua doutrina era radical e ele a apresenta numa metáfora gráfica, como tornar ao ventre materno para renascer. É a entrada em um mundo inédito e novo. Ao longo do diálogo Jesus diz algo que permite vislumbrar as características do seu Novo Reino: Deus não julga. Deus não veio ao mundo para isso, mas para dar-lhe nova vida. Isto é, o homem julga e condena a si mesmo sempre que fecha os olhos para a luz, sempre que "os homens amam mais as trevas do que a luz" (Jo 3, 19), sem precisar de deuses para fazê-lo. Não julgar é interromper substancialmente a cadeia de violência. Ainda assim, Nicodemos deve ter estranhado que Jesus dissesse aquilo, já que a Bíblia está repleta de imagens de um Deus juiz e justiceiro, cujo veredicto os homens temem. Porém isto é só parcialmente verdadeiro, pois Nicodemos, mestre da Lei e profundo conhecedor das Escrituras, devia saber que a Bíblia, escrita no transcurso de mil anos, apresenta uma evolução da imagem e do conceito de Deus. Vai do Javé furioso e colérico do Sinai, que manda exterminar os inimigos e cobrar olho por olho e dente por dente, ao Deus que "prefere a misericórdia aos sacrifícios" esboçado pelo profeta Isaías, que o identifica como uma mãe, inclusive melhor e mais compreensiva, pois, se uma mãe pode chegar a abandonar o filho, Deus nunca o fará, afirma Isaías. Jesus repreende o fariseu amavelmente por desconhecer essa evolução das Escrituras judaicas, que culmina no grande paradoxo que ele expõe: é preciso perdoar e amar os inimigos para acabar com a espiral de violência que domina a sociedade e impede que os seres humanos experimentem uma vida nova em que predominará a solidariedade, e não mais a competição, a rivalidade ou o ciúme.

A MULHER DOS CINCO MARIDOS E A ÁGUA QUE MATA A SEDE PARA SEMPRE

Como ocorre na conversa com Nicodemos, o de João é o único dos quatro Evangelhos que narra o episódio da mulher samaritana que tivera cinco maridos e a quem Jesus pede de beber. A conversa com Nicodemos e a que tem na cidade de Sicar com esta mulher, junto ao poço herdado do patriarca Jacó em Samaria, que era hostil aos judeus, são as mais importantes, pois nelas Jesus revela parte do seu segredo. As palavras que troca com a samaritana têm um tom de flerte entre homem e mulher, e nelas ele fala da novidade absoluta da sua proposta. O evangelista situa o episódio da samaritana logo depois da entrevista com Nicodemos. Diferentemente da conversa com o ilustre fariseu, aqui João fornece uma série de detalhes, às vezes ínfimos, o que dá ao relato um tom jornalístico. Jesus acabara de ser mal recebido na Judeia. A extrema novidade da sua mensagem começava a irritar o poder e deixar as pessoas simples exaltadas. O profeta nazareno desponta como alguém que questiona os antigos ensinamentos judaicos. Os poderes civil e religioso o veem com um temor não dissimulado. Desiludido com os habitantes da Judeia, Jesus decide regressar à Galileia de onde partira e, no caminho, atravessa a região de Samaria, que os judeus encaram como uma terra heterodoxa, de raça mista e religião sincretista. Havia uma profunda inimizade entre judeus e samaritanos, a tal ponto que o maior insulto para um judeu era ser chamado de samaritano. Então, em certo momento, quando querem ofender Jesus, os fariseus, além de lhe dizer que "não haviam nascido na prostituição" – provavelmente aludindo ao fato de ele ter nascido antes de Maria se casar com José –, o xingam de "samaritano" e "possuído pelo demônio".

Os judeus haviam destruído o templo samaritano do Monte Garizin no ano de 128 a.C. Por sua vez, alguns samaritanos profanaram o templo judeu de Jerusalém durante as festas da Páscoa e espalharam ossos humanos pelo pátio. Samaria, que originalmente compartilhava a epopeia do povo judaico e foi onde o patriarca Jacó enterrara José, seu filho predileto, era povoada por colonos sírios que se misturaram com os hebreus, dando lugar a uma raça mista e ao ecletismo religioso. Daí a inimizade com os judeus, seus antigos irmãos.

Com esses antecedentes, o evangelista não esclarece por que Jesus quis passar por Samaria. Talvez esperasse secretamente ser mais bem recebido ali do que entre os judeus. Curiosamente, mais adiante ele converterá um personagem samaritano na figura central de uma parábola em que o samaritano "maldito" se torna o mocinho do filme quando malfeitores ferem um cidadão depois de roubá-lo. Enquanto o homem sangrava passam por ele várias pessoas, entre elas um levita, isto é, um ministro do clero. Ninguém se detém, até que passa um samaritano que se ocupa do ferido. Trata-se de uma parábola visivelmente provocadora para os fariseus e sacerdotes do Templo, já que os judeus passam ao largo e é precisamente um samaritano quem se detém e se ocupa do ferido.

Na cidade de Sicar existia, desde o tempo de Jacó, havia 1.500 anos, um poço de água – um bem precioso na Palestina. Era verão e fazia muito calor. Jesus, "cansado do caminho", senta-se junto ao poço. Era "por volta da hora sexta", isto é, meio-dia. O evangelista descreve a cena em detalhes. Os discípulos haviam ido à cidade comprar provisões e Jesus estava só. Neste momento, uma mulher samaritana se aproxima do poço com um cântaro para buscar água e Jesus lhe diz sem preâmbulos: "Dá-me de beber." (Jo 4, 7.) A mulher começou a flertar com aquele judeu que não hesita em iniciar uma conversa com os "malditos samaritanos" e lhe responde em seguida: "Como é que tu, judeu, pedes de beber a mim, que sou samaritana?" Deste modo, o evangelista aproveita para deixar claro que "os judeus não se tratavam com os samaritanos".

O flerte amoroso entre Jesus e a samaritana

A partir daí começa uma conversa entre eles que é quase um flerte amoroso, tanto que, ao voltarem do mercado da cidade e verem Jesus conversando a sós com uma mulher e, além do mais, samaritana, os Apóstolos se surpreendem: "Nisto os discípulos chegaram e se admiraram de que estivesse falando com uma mulher. Mas ninguém perguntou: 'O que desejas?' ou 'o que falas com ela?'" (Jo 4, 27.) Jesus encara a samaritana com naturalidade: "Se conhecesses o dom de Deus e quem é que te diz 'Dá-me de beber', certamente lhe pedirias tu própria e ele te daria água viva." (Jo 4, 10.) Então a mulher prossegue com a provocação e o flerte: "Senhor, não tens com que a tirar e o poço é fundo; donde tens pois essa água viva? Porventura és maior que nosso pai Jacó que nos deu o poço do qual beberam ele, os filhos, e os rebanhos?" (Jo 4, 11-12.) Jesus continua com o jogo: "Quem bebe dessa água tornará a ter sede, mas quem beber da água que eu lhe der jamais terá sede. A água que eu lhe der será nele uma fonte que jorra para a vida eterna." (Jo 4, 13-14.) A mulher certamente não captou a profundidade das palavras de Jesus que se referiam ao projeto totalmente novo que apresentava ao mundo, diante do qual todos os velhos poços e preceitos e os preconceitos do passado (não lhe importava que ela fosse samaritana, inimiga dos judeus) se desvaneceriam e dariam lugar a algo muito mais consistente, duradouro e capaz de saciar a sede real e espiritual ou metafórica, sem as limitações impostas pelo tempo e pelo espaço. No entanto, a mulher deve ter intuído que estava diante de um personagem singular, um judeu diferente que não a evitava e inclusive lhe prometia uma água que mataria a sede para sempre. Fascinada com aquele homem, ao contrário do fariseu Nicodemos, que, quando Jesus lhe propõe voltar ao ventre da mãe para tornar à vida, pergunta como isso é possível, a samaritana crê nele e, por via das dúvidas, diz: "Senhor, dá-me dessa água, para já não sentir sede nem precisar vir buscar água." (Jo 4, 15.) Jesus continua a provocá-la: "Vai, chama teu marido e vem cá." (Jo 4, 16.) Então a mulher lhe responde que não tem marido e Jesus a surpreende dizendo: "Disseste bem: 'não tenho marido', porque tiveste cinco e aquele que agora tens não é teu marido, nisto disseste a verdade." (Jo 4, 17-18.) Agora a samaritana tem certeza: está diante de alguém muito especial que conhece os seus segredos e então responde que ele só pode ser um profeta. Aproveita para interrogá-lo não sobre a água, mas sobre religião: "Senhor, vejo que és profeta. Nossos pais adoraram a Deus neste monte e vós [os judeus] dizeis que é em Jerusalém [no Templo] onde se deve adorar." (Jo 4, 19-20.) Então Jesus pronuncia uma das afirmações mais categóricas, revolucionárias e incríveis para um judeu ortodoxo: "Mulher, acredita-me, vem a hora em que nem neste monte [o dos samaritanos] nem em Jerusalém [no Templo] adorareis o Pai... Mas vem a hora, e já chegou, em que os verdadeiros adoradores hão de adorar o Pai em espírito e verdade." (Jo 4, 21-24.) Graças à mulher, Jesus consegue entrar na cidade de Sicar, lá permanece dois dias e muitos se convertem. É curioso que Jesus tenha mandado uma mulher que tivera cinco maridos e cujo marido e atual não era seu e que, portanto, não era exemplo de honradez, e a tenha convertido na primeira missionária em terras hostis aos judeus.

O resto do relato não interessa à tese deste livro, mas o texto que vimos até agora demonstra claramente que os ensinamentos de Jesus transcendiam os de um simples profeta judeu. A quem ele se dirigia? A quem relatava aquela novidade absoluta? Quando os judeus abandonariam o Templo, o coração da fé e do poder, para adorar "em espírito e verdade"? Teria Jesus imaginado que os homens desta raça humana prescindiriam de levantar templos e catedrais nas instituições religiosas de poder e convidariam os fiéis a encontrarem Deus unicamente no silêncio das suas consciências? A história o desmentiu. Por uma terrível ironia, nos cinco séculos posteriores à sua morte foi erguida em seu nome uma infinidade de monumentos religiosos, catedrais suntuosas, santuários coalhados de ouro e prata e igrejas de todo tipo. Para Jesus, o grande templo era a natureza, e o melhor santuário, o coração de homens e mulheres. Mas quando ocorreria isso? Certamente não no tempo desta humanidade aferrada aos símbolos de poder. Diante daquela mulher, inimiga da sua tribo, ele anunciou que um dia uma humanidade diferente, sem preconceitos raciais e religiosos contra samaritanos e judeus, cristãos e muçulmanos, crentes e ateus, ouviria no fundo da alma a voz secreta de um Deus Pai que não julga e a convida, sem distinções, para sentar à mesma mesa e desfrutar o banquete sem violências.

A NOVIDADE MAIS REVOLUCIONÁRIA

A afirmação de Jesus "Misericórdia quero, e não sacrifícios" não é originalmente sua, mas do Antigo Testamento. Contudo, na sua boca e naquele contexto ela é certamente mais revolucionária e tem mais consequências teológicas. Quem a pronuncia pela primeira vez é o profeta Oseias, ao narrar as adversidades por que passaram Javé, o deus dos judeus, e o seu povo. Javé é um esposo fiel e zeloso que não admite outros deuses, mas continua amando o seu povo apesar das suas infidelidades. Porém, em Oseias a frase tem um tom ligeiramente diferente do sentido que Jesus lhe dá. Ele afirma que Deus não quer mais sacrifícios nem holocaustos, mas "amor e conhecimento". O texto, como toda a Bíblia, tem uma forte carga poética e foi escrito em verso. Oseias escreve:

> Vinde, retornemos ao Senhor,
> porque ele despedaçou e nos há de curar;
> ele feriu e nos ligará a ferida.
> Após dois dias nos fará reviver,
> no terceiro dia nos restabelecerá
> e nós viveremos em sua presença.
> Conheçamos, corramos para conhecer o Senhor:
> Certa, como a aurora, é a sua vinda.
> Ele virá a nós como a chuva,
> como o aguaceiro que ensopa a terra.
> Que te farei, Efraim?
> Que te farei, Judá?
> Certamente vosso amor é como a nuvem da manhã,
> como o orvalho que cedo desaparece.
> Por isso os feri por meio dos profetas,
> matei-os pelas palavras de minha boca,
> para que meu direito surja como a luz.

Porque eu quero o amor e não sacrifícios,
conhecimento de Deus mais que holocaustos. (Os 6, 1-6.)

Ao citar o profeta Oseias, Jesus fala de misericórdia em vez de amor. Em hebraico o termo é *hesed* e em grego, *eleos*. A misericórdia inclui o amor, mas há algo mais. Como bem afirma José Cervantes Gabarrón, professor de Sagradas Escrituras, o termo hebraico *hesed* tem um matiz fundamental de graça e generosidade que supõe uma consideração especial do outro. É uma espécie de dedicação, de gratuidade, uma ação libertadora e, de certo modo, inesperada e imprevisível. É o que hoje denominamos solidariedade. Neste contexto, a misericórdia prevalece apesar do pecado, supera a injustiça e carrega em si o perdão. É mais que o simples amor. A misericórdia termina por se converter numa ação a favor do outro. Vai além da justiça, pois inclina a balança a favor da debilidade e do desamparo alheios com os quais nos identificamos, pois todos somos fracos e precisamos da solidariedade e do amor dos outros. Contudo, ao dizer que Javé quer amor e não sacrifícios e holocaustos, Oseias ainda faz menção a um Deus que castiga, "mata" e é capaz de "despedaçar". Não estamos ante o Deus Mãe de Isaías. Ele deseja que os seus o amem e o conheçam e não quer que lhe ergam altares para o sacrifício e o holocausto de animais, mas ainda não há misericórdia para com os homens. Todavia, entramos já numa dimensão completamente nova na história da humanidade. Desde o início, todas as religiões, das mais antigas às mais modernas, se fundaram no sacrifício de uma vítima humana ou animal para desagravar o Deus colérico. No contexto religioso, é a primeira vez que Deus pede aos fiéis que lhe ofertem amor e conhecimento em vez de mancharem as mãos com sacrifícios sangrentos.

Um novo conceito de amor: Deus não quer mais sangue

Segundo os antropólogos, este é um avanço importante que divide as religiões em antes e depois dos sacrifícios. É como se o profeta Oseias relatasse que Javé teria dito basta de sangue porque queria que fossem fiéis a ele, não adorassem outros deuses, o conhecessem melhor como

O grande segredo de Jesus

o Deus único e o amassem. Ainda assim, o salto não é definitivo, pois se limita ao Deus que pede amor e misericórdia para si. O verdadeiro progresso é obra de Jesus, que imprime uma novidade absoluta ao texto de Oseias.

Nas palavras de Jesus, o evangelista Mateus também remete a esta frase de Oseias, mais precisamente a três episódios que veremos a seguir. Em três ocasiões o evangelista põe a famosa frase nos lábios do profeta para pedir solidariedade não com Deus, que dela não precisa, mas com os homens, fracos e frágeis, que dela precisam para que as suas vidas sejam menos duras. São muito significativas as circunstâncias em que Jesus diz "quero misericórdia e não sacrifícios", uma vez que todas, como veremos, são polêmicas.

A primeira é a famosa disputa sobre o que era permitido aos judeus fazer no sábado. Jesus corta o mal pela raiz e afirma que o sábado (leia-se a Lei) foi criado para ajudar o homem e não para escravizá-lo, isto é, o homem está acima de qualquer lei. Diz Mateus: "Naquela ocasião atravessava Jesus os campos de trigo num dia de sábado. Com fome, seus discípulos começaram a arrancar espigas e a comê-las. Vendo isso, os fariseus lhe disseram: 'Olha que teus discípulos fazem o que não é lícito fazer no sábado.' Ele, porém, lhes disse: 'Não lestes o que fez Davi quando teve fome, ele e os que o acompanhavam? Como entrou na casa de Deus e comeu os pães oferecidos a Deus? Ora, nem a ele nem aos que estavam com ele era permitido comer os pães reservados apenas aos sacerdotes. Ou não lestes na Lei que, aos sábados, os sacerdotes em serviço no Templo violam o sábado sem se fazerem culpados? Pois eu vos digo: o que se dá aqui é maior do que o Templo. Se compreendêsseis o que significa *quero misericórdia e não sacrifícios*, não condenaríeis os inocentes. Porque o Filho do homem é senhor também do sábado.'" (Mt 12, 1-8.) No seguinte acontecimento narrado por Mateus, levam até Jesus um homem com a mão seca. Os fariseus o provocam, perguntando novamente se seria lícito curar no sábado, e Jesus os desmascara e os faz recordarem que, quando uma ovelha deles cai no poço no sábado, eles a tiram de lá para que não morra e exclama: "Ora, quanto mais vale um homem do que uma ovelha!" (Mt 12, 12), e, deste modo, pede ao mutilado que lhe mostre a mão e o cura. Qual foi então a resposta dos fariseus? Segundo Mateus: "Saindo, os fariseus reuniram-se em conselho contra ele para verem como levá-lo à morte. Sabendo disso, Jesus afastou-se dali. Muitos o seguiram e ele os curou a todos." (Mt 12, 14-15.) Jesus não foi um valentão que enfrentou os que queriam matá-lo. Como explicamos no começo destas páginas, ele nunca quis morrer.

O primeiro episódio expõe claramente o avanço de Jesus com relação ao profeta Oseias. Ele pede solidariedade, compreensão, defesa da dignidade e soberania do homem sobre a Lei para eles próprios, e não para Deus. São os homens que precisam de compreensão, a começar por aqueles escravizados pelas leis em geral ditadas pelos poderosos. Ao afirmar que o sábado foi feito para o homem e não o homem para o sábado, Jesus dá a entender que a liberdade e a consciência do homem estão acima das normas impostas do alto.

A solidariedade acima de tudo

Se o evangelista João resume todos os mandamentos naquele do amor ao próximo, Jesus resume toda a força do amor que o ser humano pode sentir na capacidade de ser solidário com o próximo. É provável que os discípulos não tivessem comido naquele sábado e Jesus os tivesse deixado transgredir o sábado e colher espigas para matar a fome. Aquela fome, aquela necessidade, era mais importante que a lei imposta pelo poder sacerdotal de descansar no sábado. Os fariseus não foram solidários com os discípulos; não fecharam os olhos para a Lei e se escandalizaram ao vê-los colher espigas de trigo no sábado. Então Jesus lhes recorda a frase de Oseias e diz aos fariseus escandalizados que de nada servem os sacrifícios de animais no altar do Templo nem o sangue dos cordeiros mortos, porque Deus já não é o antigo Javé sedento de sangue, sacrifícios e holocaustos. A Deus, o Deus de Jesus, interessam sobretudo o homem e suas misérias, suas dores, suas privações, sua fome. Mais do que a Lei crua, mais do que a Justiça, importa-lhe a compaixão, que considera superior por ser a justiça exercida com o débil, e ela deve ser solidária, não formalista. Jesus exibia a sua capacidade de desculpar, defender e perdoar sempre que lhe apresentavam alguém acusado de transgredir a Lei. A sua balança de justiça, a sua medida, era a da solidariedade. Por isso as pessoas, especialmente as mais necessitadas, o seguiam com adoração e amor.

O terceiro episódio narrado por Mateus em que Jesus volta a citar Oseias para dizer que o amor é melhor que os sacrifícios acontece no capítulo 9, versículos 9 a 13: "Partindo dali, Jesus viu sentado junto ao balcão de pagamento um homem de nome Mateus. E lhe disse: 'Segue-me.' O homem levantou-se e o seguiu.[...] E aconteceu que, estando em casa sentado à mesa, eis que chegaram muitos publicanos e pecadores e se sentaram com Jesus e seus discípulos. Vendo isso, os fariseus disseram aos discípulos: 'Por que vosso mestre come junto com cobradores de impostos e pecadores?' E ele, que os ouvira, respondeu-lhes: 'Não são os sadios que têm necessidade de médico, mas os doentes. Ide e aprendei o que significam as palavras *quero misericórdia e não sacrifícios*, porque não vim para chamar os justos mas os pecadores.'" Mais uma vez Jesus sai em defesa do homem. Não deixa que os outros sejam julgados. Por que Mateus, que tinha o odioso ofício de cobrar impostos, não podia ser uma boa pessoa e segui-lo? Se Jesus era um homem livre que "percorria as aldeias fazendo o bem a todos", por que não podia se sentar à mesa com aqueles que os fariseus consideravam pecadores? Mais uma vez Jesus lhes recorda que, se querem entrar no Novo Reino que ele anuncia, na nova fronteira de um amor e uma solidariedade que salvam e não condenam, já não devem pensar que irão se salvar e agradar a Javé ofertando-lhe sacrifícios enquanto continuam julgando o próximo gratuitamente.

A GRANDE REVOLUÇÃO DE JESUS ACABA COM AS TEOLOGIAS DA IGREJA

Parece impossível que, depois de Jesus interpretar a afirmação do profeta Oseias, "Quero amor e não sacrifícios", a Igreja tenha, ao longo dos séculos, fundamentado a sua teologia no sacrifício, na mortificação, na imitação da cruz etc. A grande revolução de Jesus consiste na mudança de modelo da própria religião judaica, que insistia no sacrifício de animais e transformara o templo de Jerusalém num grande mercado. Então, Jesus anuncia que tudo aquilo deveria acabar. O amor, e principalmente a solidariedade com o próximo, era a síntese de todas as leis, a única vontade de um Deus que já não é juiz, mas pai e até mãe. Quando Jesus recorda a afirmação de Oseias contra os sacrifícios, os fariseus lhe perguntam por que ele não manda os seus discípulos jejuarem e fazerem penitências, como João Batista fazia com os seus e a Igreja até hoje pede aos seus fiéis. Jesus os recrimina e explica que a vida já lhes trará suficientes dores e ele não lhes deve impor novos sacrifícios. A religião que ele sonhava não exigia nenhum tipo de sacrifício. Jesus definitivamente rejeitava a dor, e por isso os Evangelhos dizem que "curava a todos". Não gostava de ver ninguém sofrer. Portanto, à luz do que expôs, a Igreja deveria ter revisado a teologia de Paulo, a chamada teologia da cruz, baseada na falsa suposição de que Jesus quis morrer para redimir os pecados do mundo e foi uma vítima voluntária para salvar a humanidade, daí a necessidade de seguir o seu exemplo e imitar a cruz, fundando-se assim a espiritualidade na dor, e não na felicidade, na compaixão e na solidariedade com as outras pessoas.

No texto de Oseias também se afirma que Deus não quer só amor em vez de sacrifícios, mas também "conhecimento", termo que viria a ser crucial na filosofia e na teologia gnósticas e implica que o mal do mundo não é fruto do pecado, como a Igreja católica ensina hoje em dia, mas da ignorância. Daí a importância do conhecimento para evitar o sofrimento do mundo. O próprio Jesus, que, como explicamos antes, conhecia a teologia gnóstica, insiste repetidamente com os discípulos sobre a questão do conhecimento: "Se vocês conhecessem..." é uma frase recorrente nas suas conversas com eles. Sem conhecimento não há vida nem luz, só trevas. Atualmente, no campo da pedagogia se insiste em que só pessoas ilustradas, com conhecimento, são capazes de interpretar a história. A ignorância é escuridão que cega.

A GRANDE UTOPIA DE UM MUNDO SEM VIOLÊNCIA

Comentamos que provavelmente Jesus não se dirigiu a esta geração de seres humanos, mas a uma nova, fundada em outros modelos. Nesta nova humanidade, que não sabemos quando e se chegará, mas que ele vislumbrou, especialmente nas atitudes solidárias com os mais pobres, a passagem da era de sacrifícios à do amor supõe um abismo. Haveria

O grande segredo de Jesus

novos homens e já não seria preciso fazer sacrifícios inúteis para outros viverem. Ninguém precisaria se tornar uma vítima para expiar coisa alguma; a luz da solidariedade e da compaixão com o pecador e o caído seria suficiente. Assim, a violência, que desde o princípio do mundo foi e continua sendo o pilar das relações humanas, desapareceria até mesmo como conceito. O mundo seria regido por outra pauta. Certamente o mundo seria diferente se ninguém culpasse o outro pelo mal; se, quando alguém caísse, todos o ajudassem a se erguer; se o bem dos outros fosse tão importante para cada um como o seu próprio bem. Isso é possível com esta humanidade? Penso que não.

A violência, a competitividade, a agressão, a condenação, a vingança, a inveja estão tão enraizadas no nosso comportamento que o desejo de Jesus de passar do sacrifício à solidariedade parece completamente irrealizável. Claro que seria preciso excetuar casos particulares, como o do próprio Jesus, que já se comportava como cidadão de outra humanidade. A massa de seres humanos se pauta pela violência pessoal ou coletiva e assim será por muito tempo, enquanto não houver um salto quântico ou genético. Em busca da santidade, praticamos violência inclusive contra nós mesmos, o que é o cúmulo. Nas palavras de Jesus, o passo para a solidariedade é a grande utopia ou revolução ignorada pela Igreja fundada em seu nome, cujas teologia e espiritualidade ainda se baseiam no sacrifício, na dor, nas penitências (os religiosos ainda se flagelam e mortificam a carne com cilícios) e numa série de mortificações, e ignoram que Jesus se adiantou ao vislumbrar uma relação nova entre os homens, e deles consigo mesmos e com Deus. Esta relação impossibilita a violência de base, pois parte da aceitação total e amorosa do próximo, que devemos amar e cuidar como a nós mesmos. Com estes modelos de relações humanas, onde caberiam a violência, a vingança e o desamor?

As crianças, emblema do novo

Jesus é especialmente severo com os que maltratam ou ofendem as crianças e chega a pedir a pena de morte nestes casos. Ele declara: "Mais lhe valia que lhe pendurassem ao pescoço uma pedra de moinho e o jogassem no fundo do mar." (Mt 18, 6.) A passagem figura dos três

Evangelhos sinópticos – os de Mateus, Marcos e Lucas – quase com as mesmas palavras, o que dá mais credibilidade ao fato. É também por causa das crianças que pela primeira vez ele aparece zangado nos Evangelhos. Por que se zanga? Porque algumas mães querem que o profeta bendiga os seus pequenos e os Apóstolos tentam impedi-las. Lemos em Marcos: "Apresentaram-lhe umas crianças para afagá-las mas os discípulos as repreendiam. Vendo, Jesus se aborreceu e lhes disse: 'Deixai vir a mim as criancinhas e não as impeçais, porque delas é o Reino de Deus. Em verdade vos digo: quem não receber o Reino de Deus como uma criança, não entrará nele.' E, abraçando, as abençoava, impondo-lhes as mãos." (Mc 10, 13-16.)

A questão das crianças e sua relação com o grande segredo que ele revela aparece outra vez com força em Mateus, sempre vinculada ao Reino dos Céus. O episódio se refere a uma pergunta dos discípulos que, intrigados com aquele Novo Reino que interpretavam como algo político e de poder, perguntam-lhe quem será o maior quando ele chegar. Naturalmente todos aspiravam ser o primeiro e em uma ocasião a mãe de dois discípulos pediu a Jesus um bom cargo para seus filhos quando chegasse o Reino. Jesus a desarma ao chamar uma criança e dizer: "Em verdade vos digo, se não vos converterdes e não vos fizerdes como crianças, não entrareis no Reino dos Céus. Pois aquele que se fizer humilde como esta criança será o maior no Reino dos Céus." (Mt 18, 3-4.) Precisamente neste momento Jesus lança a sentença contra quem se atrever a maltratar uma criança: a morte. Lemos no mesmo episódio: "E quem por amor de mim receber uma criança destas é a mim que recebe; e quem transviar um destes pequeninos, que creem em mim, mais lhe valia que lhe pendurassem ao pescoço uma pedra de moinho e o jogassem no fundo do mar." (Mt 18, 5-6.)

Infinitos comentários foram escritos em relação a estas palavras sobre as crianças. Muitos num tom infantiloide e espiritualista, enfatizando a inocência das crianças. Jesus as amava e as defendia, e para ele eram uma das categorias mais humilhadas e desprezadas, apesar de saber que não há inocência nem mesmo entre elas. Na sociedade judaica da época, elas eram ainda mais desimportantes que as mulheres. Isso não significa que não fossem amadas, já que para uma família judia os filhos vinham em primeiro lugar, mas elas simplesmente não tinham direitos.

Nem naquela época nem depois. Por exemplo, em Roma os turistas ainda podem ver a famosa Rocha Tarpeia, no monte Capitolino, à direita do Campidoglio. Daquele promontório os romanos atiravam os traidores e as crianças nascidas com defeitos físicos, pois o pai tinha direito de vida e morte sobre os filhos. Se ele a erguesse para o alto, a criança viveria; caso contrário, estava condenada à morte no despenhadeiro. As crianças careciam de direitos na Antiguidade grega e romana. No entanto, até pouco tempo elas, assim como os animais, tampouco tinham direitos no Ocidente. O estatuto de defesa da infância é muito recente e os direitos das crianças começaram a ser debatidos quase ao mesmo tempo em que se reivindicaram direitos para os animais domésticos. Estas passagens de Jesus com as crianças e sua apologia devem ser lidas mais pelo prisma simbólico que pelo espiritual, mesmo que os episódios sejam reais. Para o profeta de Nazaré, a criança, por estar iniciando na vida plena de frescor, era o melhor símbolo da novidade que ele predicava. O simbolismo da criança, fruto recém-nascido para a vida, se une aos outros simbolismos que vimos em Nicodemos que devem renascer, a samaritana a quem oferece uma água que matará a sede para sempre, e Lázaro ressuscitado.

O APREÇO DE JESUS POR TUDO QUE NASCE

Jesus gosta de tudo que é novo, que se inicia, que ressuscita. São imagens da humanidade que um dia poderá surgir e terá o gosto do novo, do recomeço com valores melhores do que os que o ser humano agora tem, tão imperfeitos que sequer respeitam as crianças, emblema da fragilidade e da novidade. É significativa a reiteração de Jesus, que compara o Novo Reino nunca completamente revelado com tudo o que é luminoso, o que nasce e ainda não leva nas entranhas o germe da morte, como a água que nunca acaba e o amigo ressuscitado. Ao defender as crianças, Jesus novamente resgata uma das categorias que menos interessavam ao poder. É severo com quem as agride, pois tudo o que é desprezado pela sociedade lhe interessa. Até os discípulos compartilhavam a mentalidade de que as crianças não mereciam atenção e tentaram impedir que elas se aproximassem do Mestre. Igualmente, o fariseu que convida Jesus a comer na sua casa estranha e se escandaliza ao ver uma prostituta passar perfume caro nos pés de Jesus e enxugá-los com os próprios cabelos. "Se soubesse quem o toca", pensa o fariseu. Mas Jesus reage como fez quando tentaram impedir que as crianças se aproximassem dele e diz ao rico fariseu que aquela prostituta demonstrara mais amor do que ele. Jesus dirá aos que o seguem que, no seu Novo Reino, as prostitutas precederão os fariseus e sacerdotes. Mais uma vez ele resgata o que a sociedade relega ao esquecimento. Na nova dimensão que apresenta ao mundo, o amor será o centro de tudo, então é melhor uma prostituta que ama que um fariseu seco, incapaz de apreciar a vida e os seus semelhantes. Assim, a cada dia Jesus vai armando a trama do seu Novo Reino, da sua grande utopia, do segredo que o guia e é a força de uma esperança inédita no homem libertado do egoísmo. Por isso os seus ensinamentos não podem ser analisados separadamente. Eles têm uma unidade, proclamam a força do novo sobre o velho, da debilidade sobre a prepotência, do amor sobre o desamor e o esquecimento do próximo. Ele se regozija ao acolher tudo o que a sociedade deixa à margem dos seus interesses. Abre novos caminhos para o amor desinteressado. Aos nossos olhos humanos, sua doutrina soa como uma verdadeira provocação.

DEIXA OS MORTOS ENTERRAREM OS MORTOS

Os especialistas costumam concordar que as frases mais singulares de Jesus nos Evangelhos são as mais autênticas e literais. Entre elas está a enigmática: "Deixa os mortos enterrarem os mortos." (Mt 8, 22 e Lc 9, 60.) Alguém diz ao profeta que deseja segui-lo, mas antes quer enterrar o pai, que falecera. Em Lucas este relato está acompanhado de episódios semelhantes. Alguém diz: 'Eu vos seguirei aonde fordes' e Jesus responde: 'As raposas têm tocas e as aves do céu, ninhos. O Filho do homem não tem nem onde reclinar a cabeça.' (Lc 9, 57-58.) Outro lhe disse: "'Senhor, eu te seguirei, mas deixa-me antes despedir-me dos de minha casa.' Jesus lhe responde: 'Ninguém que põe a mão no arado e olha para trás é apto para o Reino de Deus.'" (Lc 9, 61-62.)

Analisei centenas de comentários sobre este misterioso "Deixa os mortos enterrarem os mortos", e a grande maioria assegura que Jesus exige uma entrega incondicional, como em outros episódios. Todos os comentários tratam dos que desejam abraçar a vida religiosa. Jesus lhes pede que deixem tudo e o sigam. Com todo o respeito, penso que nestes episódios Jesus se refere a algo mais longínquo. Eu os associo à entrada no Reino dos Céus, que, como veremos mais adiante, é uma das realidades mais obscuras da mensagem de Jesus. Seria uma falta de respeito e sensibilidade pensar que o profeta judeu impediria um jovem que deseja segui-lo de enterrar o pai, principalmente considerando-se a cultura judaica da época. Enterrar os mortos era um dos ritos mais importantes para filhos e parentes. O corpo do falecido era amorosamente tratado, ungido com ricos bálsamos, recoberto de aromas e longamente chorado. Até o corpo de Jesus foi objeto de cuidados especiais dos amigos e parentes. Como então ele poderia pedir algo tão absurdo? Por que alguém que quisesse segui-lo na sua aventura não poderia primeiro enterrar o próprio pai? O mesmo se pode dizer daquele que pede para, antes, despedir-se dos seus. Seria o mais natural, justo e respeitoso. Poderia Jesus tê-lo impedido, conhecendo-se sua grande sensibilidade humana? Penso que a interpretação destes textos que chamam tanta atenção deve ser buscada por outras vias. Estas afirmações podem ser compreendidas sem chegarmos a conclusões aberrantes, como apresentar Jesus com traços de sadismo, impedindo que um filho enterre o próprio pai. Estes textos devem ser analisados à luz da grande novidade que ele traz. Jesus se move em outra esfera, distinta da textualidade, fala de outra dimensão; não propõe a continuidade do cotidiano, mas um salto no vazio, porque fala de outros tempos e outra lógica. Para interpretar os seus ensinamentos seria interessante ter absoluta certeza do que ele entendia por aquele obscuro Reino dos Céus. Se não era um reino temporal ou plenamente espiritual, o que poderia ser? A seguir tentaremos analisar o seu significado, mas podemos adiantar que, neste caso, deixar os mortos enterrarem os mortos certamente não significa impedir um gesto de misericórdia e caridade familiar.

Na psicologia e na linguagem de Jesus, mortos são os que se conformam com esta humanidade imperfeita, violenta e cheia de preconceitos. Aqui, a morte é o oposto da vida, do totalmente novo. Mortos são os que se conformam com o status quo, os que fazem compromissos entre o velho e o novo. Vivos são os que entraram em outra dimensão, deram o grande salto em direção a outra humanidade ainda sonhada, mas possível e real na consciência do profeta do impossível. Neste caso, mortos são os que formam parte do velho sistema de vida, os que não querem dar o salto para a aventura total e, portanto, devem assim permanecer. Os vivos devem se desinteressar, pois já estão em outra realidade. A imagem se repete quando Jesus afirma que não se pode usar remendo novo em pano velho. Velho e novo, morto e vivo não podem conviver quando chega a hora da novidade absoluta, ensina ele, apesar de não ser compreendido pelos seus. Como poderiam entendê-la, sendo ela tão imensa? Era natural que o filho pedisse para enterrar o pai e era lógico que Jesus dissesse, no difícil equilíbrio do simbolismo, que os mortos estão bem com os mortos porque os vivos devem caminhar com os vivos. O evangelista João deu a Jesus o apelido Vida; na Vida com maiúscula, a vida em seu conjunto, não cabem vestígios de morte e, assim, o velho desaparecerá para sempre. Quando? O próprio Jesus dizia que "ninguém sabe o dia nem a hora". Nem ele. Era só o sonho de um poeta? Não, era algo mais concreto. Os atuais avanços científicos permitem prever que poderia nascer uma espécie geneticamente nova com um enfoque diferente da vida. Chegou-se a afirmar que em dez anos a ciência terá concluído a criação de um cérebro artificial igual ao nosso. As pesquisas genéticas e as possibilidades de intervir no cérebro parecem ser infinitas. Ainda não sabemos o quanto nos assombraremos.

A ESTREITEZA DAS INTERPRETAÇÕES ESPIRITUALISTAS DA IGREJA

A força destes textos evangélicos – veremos vários exemplos similares – revela a estreiteza de certas interpretações espiritualistas e até bíblicas e teológicas no seio das Igrejas católica e protestante, que ignoram o que ocorre no mundo científico. Hoje uma criança nasce com maiores estímulos do que há quarenta anos. No diário que manteve sobre a evolução do cérebro dos seus filhos pequenos, Jean Piaget, o psicólogo experimentalista, propõe um problema que as crianças não conseguiriam resolver antes dos 3 anos. A minha neta Kira, de um ano, resolveu o mesmo experimento em décimos de segundo. Então, interpretar os textos duros de Jesus como um chamado a uma vida simplesmente "melhor" equivale a diminuir a sua força criadora e inovadora. Jesus não era um missionário que pedia às pessoas que fossem melhores e obedecessem à Igreja, não pecassem e fizessem jejum e penitências. A sua mensagem não tinha relação com a estreita espiritualidade cristã. Para aquele profeta inconformista e demolidor, a humanidade estava fundamentalmente equivocada, já que todo o conceito de santidade predicado pelas Igrejas é alienador, por pressupor que precisamos de alguém que se sacrifique por nós, nos redima e se imole voluntariamente para resgatar-nos dos nossos pecados. Jesus tem uma visão totalmente distinta da santidade, que não entra em conflito com a essência da vida, a felicidade do corpo e do espírito e os grandes atos de generosidade. O que lhe importava não ter onde descansar a cabeça, isto é, não ter uma casa, ser um caminhante errante? Que valor isso poderia ter se a sua visão da existência era quase atemporal, uma percepção privilegiada das relações do homem com o divino, entendido não como a sacralidade da violência – como ocorria quando os deuses pediam o sangue dos sacrifícios – mas como a consagração da liberdade e da felicidade ilimitadas?

Pretender medir Jesus e seus ensinamentos com as estreitas normas da austeridade tradicional e dos caminhos da perfeição e da mortificação da carne para compreender melhor o divino significa desconhecer a novidade da sua mensagem, que nada tem a ver com tudo isso. A sua mensagem se centraliza na linguagem nova e demolidora, característica de parte dos Evangelhos, que os especialistas costumam taxar de obscura ou fruto de más traduções. As suas grandes novidades se condensam precisamente nessas sentenças gráficas, nas afirmações que são como palavras esculpidas na pedra: "Dai a César o que é de César e a Deus o que é de Deus"; "É mais difícil um rico entrar no Reino dos Céus do que um camelo passar pelo buraco de uma agulha", ou a que nos ocupa agora: "Deixa os mortos enterrarem os mortos." Nelas não há manipulações como as que com certeza existem em outras partes dos Evangelhos. Então, o Jesus mais autêntico é o que nos parece incompreensível, com rasgos de loucura e discursos repletos de expressões que estalam como um chicote. A sua linguagem e as famosas frases consideradas misteriosas nos apresentam o Jesus mais autêntico, ciente de que apresentava à humanidade algo tão diferente do que se conhecia que soa indecifrável. Jesus foi morto não pelo que fez, mas pelo que disse e pelo que deixou entrever contra o poder, contra todos os poderes. Por isso os poderes político e religioso se uniram para matá-lo ainda jovem.

A RESSURREIÇÃO DE LÁZARO OU QUANDO O HOMEM SUPERA A MORTE

É curioso que o maior milagre de Jesus, a ressurreição do seu amigo Lázaro, seja narrado unicamente pelo evangelista João, assim como os episódios da mulher samaritana e a conversa com o fariseu e intelectual Nicodemos. Talvez por isso alguns pensem que os três acontecimentos sejam criações literárias, simbólicas, metafóricas, e não fatos reais. Por que Mateus, Marcos e Lucas não os mencionam? Dissemos que o Evangelho de João é o mais gnóstico de todos, o mais carregado de simbolismos sobre a vida, a luz, a palavra e o conhecimento, bases da filosofia e da teologia da seita dos gnósticos. Ao mesmo tempo, trata-se de episódios carregados de ligações, às vezes cheios de pormenores, como no caso de Lázaro, que volta à vida após passar quatro dias morto e cujo corpo as irmãs diziam que "já cheirava mal" devido à decomposição. O fato de algumas narrativas só constarem do Evangelho de João, considerado canônico e inspirado por Deus assim como os outros três, não significa que tenham sido inventadas. Precisamos levar em conta que, antes da declaração oficial da Igreja de que só os Evangelhos de Mateus, Marcos, Lucas e João eram canônicos, havia dezenas de outros considerados igualmente verdadeiros nos primeiros séculos do cristianismo. Isso fica demonstrado pelo fato de que os Pais da Igreja os citam ao lado dos poucos Evangelhos apócrifos até hoje conservados. Os Evangelhos gnósticos, inclusive, são citados como autênticos nos primeiros escritos cristãos que, mais tarde, foram em sua maioria condenados e queimados pela Igreja. Portanto, o Evangelho de João é extremamente importante, pois insiste na direção da tese defendida neste livro de que com certeza Jesus falava para uma humanidade diferente da nossa e propunha conceitos novos e radicais. É como se, para Jesus, tudo o que era velho fosse pequeno e ele só reparasse no novo. Por isso as suas palavras, parábolas e ações milagrosas queriam revelar que era possível o surgimento de uma humanidade diferente da atual, que ele descreve com uma série de simbologias, como a ressurreição do seu amigo morto. Jesus se comove diante dele, chora e expressa a convicção absoluta de que o ressuscitará da tumba. O evangelista conta como Lázaro saiu do sepulcro: "O morto saiu com os pés e as mãos ligados com faixas e o rosto envolto num sudário" (Jo 11, 44), porque era assim que os judeus eram enterrados. Ele dá mais detalhes quando Jesus diz "desatai-o e deixai-o ir". O fato de Jesus ressuscitar Lázaro, cuja morte era inegável, incomodou as autoridades políticas e religiosas, por temerem que isso aumentasse a sua popularidade, apesar de antes terem tentado apedrejá-lo. Jesus soube que a sua morte começou a ser tramada quando Caifás, um dos sumos sacerdotes, pronunciou a famosa frase: "Não compreendeis que convém um homem morrer pelo povo para que a nação toda não pereça?" (Jo 11, 50.) Desde os tempos do assassinato primordial este é o eterno remédio para impedir a violência social: quando a tensão na família ou na comunidade aumenta demais, alguém deve ser sacrificado para que a paz seja restaurada. A vítima costuma ser escolhida entre os mais frágeis e desvalidos, que se veem a si mesmos como vítimas necessárias e dignas do castigo. Em seguida João conta o que Jesus decide: "Em consequência, Jesus já não andava em público entre os judeus. Retirou-se para a região próxima ao deserto, para uma cidade chamada Efraim, e ali morava com os discípulos." (Jo 11, 54.) É que, como dissemos, ele não queria ser herói nem queria morrer. Nunca decidiu pessoalmente se imolar pelos outros. Aceitou a morte como algo ineludível, fruto das suas ideias radicais que provocavam temor no sistema. Com a ressurreição de Lázaro, às suas palavras – perigosas pela carga de novidade que traziam – se soma o fato de arrancar um homem da morte.

QUANDO O HOMEM É DEUS

Contudo, o simbolismo era bem claro. No seu Novo Reino a morte não poderia prevalecer sobre a vida. Jesus não diz que ressuscita Lázaro por ser Deus, nem faz uma apresentação de magia milagrosa. Ele ressuscita o homem com total naturalidade: "Lázaro, vem para fora", grita. Lázaro obedece e volta à vida. As palavras – João definiu Jesus como o verbo, isto é, a palavra – têm, em si mesmas, uma força incrível. Basta ter fé nesta força. É como se Jesus dissesse que o homem, sem precisar ser mago nem Deus, é capaz de realizar qualquer proeza por si só, até aquelas reservadas a Deus, como devolver a vida a um morto. Hoje, os cientistas afirmam que um ato de fé e vontade é capaz de conseguir qualquer milagre, até curar um câncer. Nem todos conseguem ter fé nessa força interior do ser humano. Alguns a tiveram e nós os chamamos de santos. São simplesmente pessoas com uma fé tão forte no homem que conseguem, como dizia Jesus, "mover montanhas". Hoje a própria Igreja, pelo menos a mais aberta, aceita que os milagres em santuários como Lourdes ou Fátima são fruto do profundo desejo de cura por parte do doente. O milagre se deve à sua fé, não a Deus, que seria injusto curando uns e a outros não. Por isso, nem todos se curam. Jesus dá a entender que, se um dia fôssemos capazes de nos superar como humanos e rejeitar a estrutura de violência que nos rege, perder medos e complexos e acreditar na força criadora do nosso cérebro e do nosso coração, a morte como tal acabaria e a vida seria o denominador comum da existência.

Indubitavelmente, Jesus foi uma destas pessoas que às vezes surgem na história que parecem vir de outro mundo por superarem os limites do ser humano. Por isso as denominamos anjos, as chamamos divinas e às vezes até dizemos que são extraterrestres. É como se fossem de outra raça, mais do que propriamente humana. O profeta de Nazaré não se tornou o que é por ser Deus, pois não o era, mas porque na sua vida e na sua fé se refletia a centelha da divindade que dormita em nós e que poucos conseguem descobrir. O mesmo sucede com os gênios da arte, da ciência ou da literatura que superam o humano, ou com os gênios do amor, da bondade e da não violência, como Gandhi, Luther King ou Teresa de Calcutá. O profeta judeu intuiu como poucos o que somos ou seríamos capazes se, paradoxalmente, nos despojássemos da condição humana, às vezes tão frágil, outras tão violentas; "homens de pouca fé", como ele dizia. Para Jesus, os milagres não eram milagres, mesmo devolver a vida a um morto, fazer andar um paralítico ou devolver a visão a um cego de nascimento. Tudo simbolizava a força que se aninha em cada pessoa ou, ao menos, a possibilidade de desenvolvimento da raça humana, egoísta e imperfeita, se um dia desse um salto quântico em direção a algo novo e diferente do atual. Por isso ele enviava seus discípulos, simples pecadores, para que também fizessem milagres e curassem os doentes. E eles os curavam.

Terceira parte do segredo

Terceira parte

Fé sagrada

A ruptura: tudo em Jesus estava fora da norma

Além de apresentar uma mensagem extremamente nova, Jesus foi também o homem da grande ruptura com as estruturas e instituições. Ele quebra todos os padrões ao dizer explicitamente que não se pode pôr um remendo novo na roupa velha nem vinho novo no velho odre. Expressa--se por parábolas para que não o entendam, como ele mesmo diz aos discípulos. Lendo as suas palavras transmitidas nos Evangelhos temos a impressão de que ele não admite mancomunações e quer dar cabo do que existia, que para ele eram estruturas sem sentido nem futuro. Jesus é um verdadeiro iconoclasta, mas não se limita à mera ruptura, como o iconoclasta clássico que rompe e não propõe nada novo. Jesus é singular e sugere algo inteiramente diferente; rompe com o atual para desvelar um mundo distinto, que chama de Novo Reino. Os que o ouvem não sabem o que significa a grande novidade, que é a essência da mensagem. Ela aponta para uma dimensão nova e diferente da vida. Faz mil comparações para explicar o seu segredo, a sua novidade absoluta, mas o que apresenta é tão grande que não se encaixa em metáforas ou parábolas. Ainda hoje os teólogos e biblicistas se desesperam tentando entender o que significava para Jesus aquela novidade do Reino de Deus, que não era uma realidade simplesmente espiritual; era muito mais, por implicar a própria essência da vida. Tudo em Jesus era ruptura, porque ele veio propor algo completamente diferente. Ele foi tudo, menos um restaurador ou um reformador, já que rompia odres velhos e apresentava a água que mata a sede sem nunca se esgotar. Maldiz a figueira ao não encontrar figos, apesar de não ser a época da fruta, e justamente ele, pacifista por excelência, que detestava as espadas, afirma que não veio trazer paz às famílias, mas divisão. Ironiza os gregos, para os quais a beleza era tudo. Recorda-lhes que não brotarão novos frutos se o grão de trigo não apodrecer no ventre escuro da terra. Por último, Jesus desarma o conceito tradicional e patriarcal da família: "Quem é a minha mãe e quem são os meus irmãos?", indaga ao saber que sua família o buscava para falar com ele.

O mistério do Reino de Deus ou a Boa-Nova

Jesus denomina a sua grande novidade de diferentes formas. Chama-a Reino dos Céus, Reino de Deus ou Novo Reino. Numa linguagem mais moderna, também a qualifica de "Boa-Nova". Gosta de usar a linguagem dos seus contemporâneos porque os judeus sabiam muito bem o que era um reino e um rei. Desde que erravam pelo deserto sempre haviam sonhado em formar um reino, como outros povos, e ter um rei que os protegesse. Daí que ele tenha sido mal interpretado por todos, pois pensavam que ele se referia a um reino temporal, e os discípulos inclusive sonharam com um bom cargo, um bom "pistolão" no Novo Reino. As autoridades civis também entenderam isso e começaram a desconfiar dele. Os judeus estavam sempre à espera do Messias que lhes devolveria os poderes usurpados pelos romanos. Inclusive naquele tempo havia movimentos revolucionários, como o dos zelotes, que tentavam reconquistar a autonomia pela força das armas.

Jesus faz tudo o que estava ao seu alcance para fazê-los entender que não se referia a um simples reinado temporal, com um rei de verdade. As suas palavras se referem a outro conceito, e ele usa reino à falta de outras palavras. Contudo, quando as lemos 2 mil anos depois fica fácil perceber que não tinha a ver com isso, apesar de continuar sendo difícil entender de que realmente se tratava. Se não era um reino unicamente temporal nem unicamente espiritual, e sim algo encarnado na vida dos homens, o que podia ser? Este debate continua vigente no seio do cristianismo. É fácil fazer uma interpretação como sempre se fez, sobre uma vida posterior à terrena. Porém, em dado momento Jesus diz aos que o seguem que não se tratava disso, uma vez que, de alguma forma, este Reino "já está presente" na terra. Presente? Como? Em quem? De que modo?

Em sua magnífica obra *Teología del Pluralismo Religioso* [Teologia do pluralismo religioso], José María Vigil recorda com acerto que a ideia do Reino de Deus é a alma e o coração do verdadeiro Jesus histórico e o distingue do Jesus da fé e das teologias tardias. É o Jesus mais original. Para Jesus, era essencial a ideia-chave de um Reino ou um mundo novo cujos primeiros brotos podiam ser intuídos neste mundo, mas que se referem em particular a outra raça humana que um dia poderá surgir das cinzas desta humanidade violenta. Por isso dissemos que constituía o seu grande segredo. Segundo Vigil, para o profeta o reino "é o seu sonho, sua causa, sua utopia, o ideal, o centro e a vida de Jesus". Jesus diz que a nova humanidade germina nos lugares do mundo onde há vestígios de paz, justiça, verdade e amor. O resto é velho e não faz parte do seu ideal nem da sua mensagem.

Casiano Floristán, um dos melhores e mais abertos teólogos da Igreja católica, comenta o tema do Reino de Deus e recorda que sua concepção, latente já no Antigo Testamento, é para Jesus o polo referencial da utopia cristã, bem como o modelo da esperança, aspiração de liberdade e de justiça e força libertadora de todo o mal. No entanto, até teólogos mais avançados, como Floristán, continuam sem dar o passo quântico: o propósito de Jesus não é libertar o homem de seus pecados e da escravidão nem proclamar uma utopia que nunca se realizará, como comprovamos nestes 2 mil anos de história do cristianismo. Para os melhores teólogos, com a "Boa-Nova" Jesus teria anunciado uma melhor vida e um homem melhor, mais livre, justo e generoso e menos escravo das paixões. É o máximo a que chegou a teologia católica, que continua afirmando que Jesus veio salvar os homens da escravidão do pecado, e que para tal sacrificou a própria vida.

UM REINO DE LIBERDADE

John Dominic Crossan, em sua excelente obra O Jesus da história. A vida de um camponês judeu do Mediterrâneo (Imago), afirma que o famoso Reino apresentado por Jesus não se refere a outra vida: "O Reino mira o presente e não o futuro e postula como poderia ser a vida aqui e agora, no quadro de um reino sempre acessível. Entra-se neste reino mediante a sabedoria, a justiça e a liberdade. É um estilo de vida para o presente e não uma esperança de vida para o futuro. Trata-se, portanto, de um Reino de caráter ético [...] a ética que propõe suporia, por exemplo, colocar em xeque as raízes da moralidade atual." E acrescenta: "O Reino que as suas parábolas descrevem, esse reino do aqui e agora, esse reino de joões-ninguém e necessitados e grãos de mostarda, cizânias e fermentos, é precisamente um reino tornado realidade e não simplesmente proclamado."

A nossa teoria vai além. Já dissemos que Jesus não é um reformista nem pretende fundar novas religiões. Ele supõe uma ruptura total como o presente, por isso asseguramos que falava não para esta humanidade, que só consegue "melhorar", mas para uma nova raça inteligente que navegará em águas distintas da violência primordial, que exige limites sangrentos para não extrapolar, e que será algo absolutamente novo sem necessidade de barreiras contra o mal, pois o novo ser inteligente, sem raízes na violência, viverá na dimensão da solidariedade, da irmandade, da não violência e da compaixão. O Reino de Deus, a Boa-Nova anunciada por Jesus em discursos e palavras, é muito mais importante, interessante e radical do que o proclamado pelas teologias de todas as religiões. Daí a dificuldade de interpretá-lo. Jesus não defendia uma sociedade e uma vida com menos violência, menos egoísta, mas uma sociedade nova sem violência, na qual o egoísmo não tem cabimento, pois tudo flutuará nas águas do amor desinteressado. Os próprios teólogos reconhecem que ele não explicou o verdadeiro significado da Boa-Nova ou Reino dos Céus. Na sua época não havia um rei, porém havia o conceito de reinado, que equivalia à liberdade política ante a opressão romana. O seu novo reinado seria, pois, um reinado de liberdade e justiça social. Apesar de aquela mensagem não ser de todo nova, porque no Antigo Testamento se conclama por maior justiça, especialmente com relação aos pobres, Jesus vai além e amplia esses limites.

Segundo o teólogo Jürgen Moltmann, para compreender o que Jesus entendia por Novo Reino é preciso examinar quatro elementos: as parábolas, as curas, as refeições com publicanos e pecadores e as bem-aventuranças como a lei deste Reino. Os quatro elementos não se alinham com um continuísmo perfeccionista, mas com a total ruptura com o existente. Quase sempre que Jesus apresentava uma parábola comparando uma determinada situação com uma realidade concreta da vida, para que os seus seguidores o entendessem melhor, costumava dizer: "O Reino de Deus é semelhante a...", por exemplo, a levedura que faz crescer a massa, convertendo-a em algo totalmente novo, como o pão; ou o candeeiro na escuridão, que ilumina as trevas e faz ver um mundo totalmente novo e pleno de luz; ou o banquete de que os pobres participam pela primeira vez; ou o grão de mostarda, insignificante, mas que termina por se converter em uma árvore frondosa. Todas as parábolas falam de radicalidade, ruptura, novidade. Centenas de psicanalistas, a começar por Jung, mergulharam no rico mundo das parábolas de Jesus, pois são um material formidável para desvendar os mecanismos do inconsciente, os abismos da psique e as possibilidades radicais de mudança nas relações pessoais e sociais.

Vistos pelo prisma da Boa-Nova, também os chamados "milagres" de qualquer tipo, dos mais práticos, como curar um paralítico, aos mágicos, como caminhar sobre as águas ou converter água em vinho, adquirem uma conotação especial. Eles indicam a potência do seu anúncio de novidade absoluta, que é um verdadeiro milagre. Que milagre é maior do que dar cabo dos mecanismos de violência da sociedade para que todos participem do banquete da felicidade? Que milagre seria maior do que ser capaz de amar quem nos faz mal? O milagre surpreende, rompe com as leis da natureza, permite que o que ontem era impossível hoje já não o seja. Chegará o tempo, dizia Jesus, em que somente com a força da mente e da fé no milagre direis a esta montanha que venha até vós e ela virá.

A importância do cotidiano

É curioso que os analistas religiosos façam um paralelo do Reino de Deus com algo espiritual, uma vez que, ao contrário, as comparações que Jesus propõe para vislumbrar aquela nova realidade partem do material, do concreto, da vida cotidiana, especialmente da comida e da bebida, símbolos de felicidade e prazer, pois o Novo Reino será da alegria e não da dor. Até hoje a Igreja tem dificuldade de entender que Jesus – a quem, equivocadamente, ela apresenta como um eremita – ia a todos os banquetes a que era convidado, inclusive dos publicanos e pecadores, e às vezes as prostitutas locais estavam presentes, atraídas pelo fascínio daquele homem especial e singular que amava a vida como ninguém. Jesus multiplicava pães e peixes por não tolerar que alguém passasse fome um dia sequer. Transformava água em vinho para que a festa prosseguisse, já que acima de tudo queria que as pessoas fossem felizes e não suportava ver alguém sofrer, por isso os Evangelhos afirmam que "curava a todos". Então, o próximo aspecto que devemos analisar para tentar entender o que Jesus denominava Boa-Nova ou Reino de Deus é o famoso sermão das bem-aventuranças, uma espécie de Carta Magna da sua doutrina demolidora. Eu gosto de denominá-la "o manifesto da felicidade". Por mais que os teólogos expliquem que se trata de uma doutrina utópica que o ser humano jamais alcançará, mas que é uma meta que deve nos guiar mesmo que pareça impossível, na verdade, mais que em qualquer outro lugar, Jesus fala – como veremos mais adiante – a pessoas de outra raça, pois os seres humanos são absolutamente incapazes de entendê-la. A Boa-Nova proclamada por Jesus deixa claro que um dia seres humanos diferentes, nascidos não de um assassinato primordial e de uma cultura de violência, mas do imperativo do amor, podem povoar a Terra e se tornar uma realidade viva. Para eles, as bem-aventuranças podem chegar a ser um novo passaporte.

O teólogo Floristán vislumbra este caminho quando escreve que o Reino de Deus é um desejo "fracassado" que não pode ocorrer num mundo como o nosso, uma vez que "nunca houve justiça na terra". Ele é quem mais se aproxima da nossa tese de que Jesus falava a uma raça humana diferente, para a qual a justiça, a misericórdia e o amor, inclusive ao inimigo, são naturais e não fruto de esforços sobre-humanos ou de metas utópicas.

O REMENDO NOVO NA ROUPA VELHA. É PRECISO CRIAR TUDO A PARTIR DE ZERO

Jesus não gostava de remendos. A sua radicalidade aflora em todas as suas palavras, parábolas e comparações. Ele sabe que são conceitos difíceis de entender, tanto que muitos permanecem indecifráveis depois de 2 mil anos e de milhões de interpretações. Uma das comparações mais gráficas que ele apresenta aos homens e mulheres de todas as classes sociais que o ouviam, de pescadores analfabetos a juízes, de camponeses a sacerdotes do Templo, é idêntica nos Evangelhos de Mateus (Mt 9, 16-17) e Marcos (Mc 2, 21): "Ninguém põe um remendo de pano novo numa roupa velha, porque tiraria a consistência da roupa e o rasgão ficaria pior. Não se põe tampouco vinho novo em odres velhos; do contrário, rompendo-se os odres, o vinho se derrama e os odres se perdem. Mas o vinho novo se põe em odres novos e assim ambos se conservam." (Mt 9, 16-17.) Segundo os evangelistas, Jesus diz isso depois de compartilhar uma refeição com pecadores e publicanos. Os fariseus se escandalizam ao ver Jesus e os discípulos comendo com gente que consideravam indesejável. Jesus responde-lhes com uma metáfora: "Os que precisam de médico são os enfermos e não os sãos." E os desafia: "Ide e aprendei o que significam as palavras: *Quero misericórdia e não sacrifícios.*" (Mt 9, 13.)

Jesus era só provocação, principalmente porque tinha uma meta bem clara: mudar as coisas pela raiz e entrar em outra dimensão da vida. Para isso não lhe serve a lógica comum dos arranjos em que tudo muda para ficar igual, como dizia Maquiavel. Ele busca o totalmente novo. Então, é inútil colocar um remendo velho numa roupa nova, ou vinho novo em odres velhos. Tudo continuaria igual; o que é novo pede novidade, e a sua era absoluta. Milhões de interpretações quiseram também encontrar um sentido unicamente espiritual nestas imagens tão plásticas de Jesus. Se fossem só isso, não teriam resistido tantos séculos com a mesma força de quando as pronunciou. Os católicos intérpretes da Bíblia veem nestas palavras radicais do profeta de Nazaré a necessidade de converterem-se à graça de uma vida sem pecado. Mas certamente Jesus pensava em algo muito mais profundo. Conhecia muito bem a raça humana na qual lhe coubera encarnar. Conhecia a hipocrisia da sociedade em que vivia. Desafiava os acomodados e se punha do lado dos mais fracos e desprezados. Sabia que a sociedade não mudaria com simples ajustes ou remendos. Não bastam os consertos quando o tecido está velho. Para Jesus, os seres humanos precisam sair da maldita espiral de violência e interesses criados para entrar num mundo onde todos mereçam respeito por terem nascido e serem pessoas inteligentes e capazes de amar, e não pelo que representam ou por seus títulos ou suas riquezas. Assim, ele diz à sua sociedade e à de todos os tempos, sociedades que pisam nos outros para subir, que tudo deve ser novo como no primeiro dia da criação, antes de Caim matar Abel por inveja. Mais uma vez, ele pensava em outro tipo de ser humano em que não seria preciso coser remendos velhos porque o tecido seria novo e os odres não envelheceriam.

A FIGUEIRA ESTÉRIL OU A FÉ NO IMPOSSÍVEL

Nos Evangelhos há um texto que ainda não foi convincentemente explicado. Ele está em Mateus e em Lucas e trata da figueira estéril, que os comentaristas costumam revisar de maneira superficial ou explicar de um modo exclusivamente espiritualista e sem nenhum valor. Um dia, ao final dos seus anos de pregação, quando se aproximava o momento da sua morte, Jesus havia passado a noite em Betânia com amigos. Marcos conta que, ao sair de lá, Jesus sentiu fome. Provavelmente passara a noite ocupado com as pessoas que o seguiam e não tivera tempo de comer. Aproximou-se de uma figueira frondosa que havia no caminho e procurou figos, mas só encontrou folhas. Ele se irrita, maldiz a figueira e ela murcha. No entanto, o inacreditável – e aí está a dificuldade de interpretação do texto – é que Marcos, cujo Evangelho é considerado o mais antigo, anota que "não era época de figos": "E no outro dia, ao saírem de Betânia, Jesus teve fome. Vendo de longe uma frondosa figueira, achegou-se para ver se nela encontrava alguma coisa. Mas, ao chegar, nada encontrou senão folhas, pois não era época de figos. Então ele falou para a figueira: 'Nunca jamais alguém coma fruto de ti!' E os discípulos ouviram." (Mc 11, 12-14.) E Marcos prossegue: "Passando na manhã seguinte, viram a figueira seca desde a raiz. Lembrando-se,

Pedro lhe disse: 'Olha, Mestre, como secou a figueira que amaldiçoaste.' Respondeu-lhe Jesus: 'Tende fé em Deus. Em verdade vos digo, quem disser a este monte: Sai daí e joga-te ao mar e não duvidar em seu coração, mas acreditar que vai acontecer o que diz, tudo o que pedirdes ao rezar, crede que recebereis e vos será dado.'" (Mc 11, 20-23.) No episódio seguinte, Jesus atira ao chão as mesas dos mercadores do Templo, outro episódio de aparente raiva do profeta.

O relato de Mateus (21, 18-22) é muito semelhante. Ambos mencionam a fome de Jesus, o que dá um toque humano ao episódio. É claro que Jesus e os Apóstolos comiam como e quando podiam e por isso às vezes tinham fome, algumas por falta de tempo para comer, outras porque seus recursos eram muito escassos, apesar da ajuda econômica que recebiam de algumas mulheres endinheiradas. Por isso não costumavam recusar os convites que lhes faziam, até dos fariseus – estes aproveitavam para conhecer de perto aquele estranho profeta e sua diversificada comitiva de seguidores.

Cabe perguntarmos por que Mateus, que com certeza inspirou-se em Marcos e cujo Evangelho é talvez posterior, não cita a anotação de Marcos de que "não era época de figos", o que complica a atitude de Jesus. Talvez Mateus tenha achado difícil manter aquela afirmação. Se não era época de figos nem de colheita, não havia motivo plausível para Jesus se irritar e maldizer a pobre figueira, que secou de repente. De qualquer modo, tudo leva a pensar que é verdadeiro o inocente comentário de Marcos "não era época de figos". Dentre as frases de Jesus, as mais difíceis de interpretar costumam ser as mais antigas e autênticas. O leitor pode revisar as interpretações que as Igrejas costumam apresentar deste complexo texto dos Evangelhos em que um Jesus caprichoso faz a árvore secar por não ter frutos, mesmo estando fora da estação. A maioria passa longe do fato de não ser época de figos, como Marcos anotou. Contudo, a frase deve ter um significado. Jesus não era louco de pedir figos fora da estação. Tampouco era um mago barato que fazia malabarismos pelas aldeias da Palestina. Tudo na sua pregação tem um significado, ainda que nem sempre as interpretações literais o indiquem. A mensagem daquele profeta inconformado com a sua sociedade tem alcances e interpretações diferentes das explicações piedosas e melosas que costumam ser ensinadas na catequese. Jesus voa mais alto. As suas palavras têm um grande valor na vida espiritual e política e não podem ser interpretadas literalmente. Como sucede em outros casos, o que parece uma provocação ou um absurdo, como irritar-se diante da figueira sem frutos, quando não havia razão para que os tivesse, tem um valor simbólico que fica mais claro à luz da interpretação que este livro tenta dar às palavras e ações de Jesus, cuja mente e cujo coração se sobrepunham à literalidade desta sociedade.

UM REINO DE FELICIDADE PARA TODOS

A figueira que Jesus maldiz por não ter frutos, mesmo fora de época, não passa de uma bela metáfora da urgência que sentia o profeta pelo surgimento de uma nova sociedade regida por uma lógica diferente desta que é humana demais por estar aferrada aos cânones e regras ditados pelo poder, ainda que a metáfora se refira a um fato da natureza. Ela tem o mesmo significado de quando Jesus não recrimina os discípulos por terem fome no sábado e colherem espigas, contrariando uma das leis mais severas e sagradas da religião judaica, que impede quaisquer atividades nesse dia, como, para os fundamentalistas, dar corda no relógio. Jesus os liberta da escravidão absurda da lei levada ao pé da letra.

Jesus sonha com um mundo futuro sem violência nem ódios, no qual sempre haverá comida e bebida para todos, sem a divisão injusta das riquezas. Tudo estará sempre à disposição de todos, sem a desculpa de que não é época de figos ou de que os pobres devem se conformar com as migalhas das mesas dos ricos porque, para eles, o tempo da abundância não existe. Todos os bens da terra estarão à disposição de todos. Por isso, logo após o episódio da figueira estéril, Jesus derruba as mesas dos mercadores do Templo que chupavam o sangue dos pobres, que deviam comprar uma ovelha ou um cabrito para sacrificá-los no altar em flagrante proveito dos mercadores. A ira de Jesus diante da figueira sem figos quando ele e os discípulos tinham fome é a mesma que lhe brota do fundo da alma ao testemunhar a exploração dos pobres em nome de Deus no interior do Templo. Não por acaso ele relaciona a imagem da figueira infrutífera à fé capaz de fazer brotar o impossível. Aos Apóstolos, que estranham a metáfora da figueira, ele diz que se tivessem fé seriam capazes de tornar possível o impossível e fazer milagres, como mover uma montanha. Na nova lógica de Jesus não há nada impossível para aquele cuja fé é maior que a força da natureza. Por isso não lhe parece extraordinário que a figueira tenha figos fora da estação. Jesus vislumbrava uma humanidade em que os milagres estariam disponíveis para todos, na qual, como a Bíblia anunciava, fluiriam rios de leite e mel e tudo estaria à disposição de todos, porque ninguém precisaria usurpar, acumular nem especular à custa da fome alheia. A este respeito é muito ilustrativo o milagre das bodas de Canaã, em que o vinho acaba e Jesus transforma a água num líquido maravilhoso. Ele não queria que a festa acabasse, pois a sua lógica era a da abundância. Por isso, para ele os milagres eram algo natural, se tudo é possível para quem tem fé no impossível. Esse era o grande segredo que os discípulos, atônitos com as metáforas profundas, tinham dificuldade de entender. É como se ele temesse lhes revelar por completo a força do seu mistério. Como aqueles pescadores podiam compreender que os tempos futuros que ele anunciava eram tão revolucionários que ultrapassavam a própria espécie humana?

IRONIA SOBRE A CULTURA GREGA. A SEMENTE NÃO FRUTIFICA PLENA DE BELEZA SEM ANTES APODRECER SOB A TERRA

Como um bom judeu, Jesus tinha uma fina ironia. O Evangelho de João, o que melhor reúne as sutilezas que impregnam as palavras do profeta de Nazaré, conta que em certa ocasião os discípulos foram abordados por alguns gregos. Os discípulos então falam a Jesus – que com certeza entendia grego – sobre a curiosidade daquele grupo de estrangeiros, que os judeus consideravam pagãos, a respeito da sua pregação. Desta vez o evangelista não dá muitos detalhes sobre o encontro. Tampouco esclarece se ele ocorreu, mas parece que não. Conta-se que, ao anunciarem que um grupo de gregos desejava falar com ele, os Apóstolos ouvem um longo monólogo sobre o final nada glorioso que o espera e uma frase reveladora da ironia que mencionamos.

Decerto Jesus conhecia a filosofia e a cultura gregas. Estava perfeitamente ciente da importância que os gregos davam ao corpo e à beleza. Ainda hoje, basta visitar o museu da Acrópolis, em Atenas, para constatar a importância que davam à perfeição das formas do corpo humano, masculino e feminino. Para Jesus e sua mensagem, aquele culto ao corpo era insignificante porque ele mirava mais alto. Buscava um mundo não de belezas corporais, mas de homens pacíficos, capazes de superar as estruturas da violência. Ele manda dizer o seguinte aos gregos: "Em verdade, em verdade vos digo: se o grão de trigo, caindo na terra, não morrer, ficará só, mas, se morrer, produzirá muito fruto. Quem ama sua vida vai perdê-la; mas quem odeia sua vida neste mundo vai guardá-la para a vida eterna" (Jo 12, 24-25.) Dizer aos gregos que a vida só frutifica ao se perder, que as sementes devem apodrecer sob a terra para dar fruto, que quem está satisfeito consigo mesmo e ama a sua vida termina por perdê--la e que devemos odiar o que geralmente admiramos era uma verdadeira provocação para uma cultura que ressaltava a beleza exterior. Jesus propõe aos gregos um paradoxo. É como se lhes dissesse: vocês se afanam para dar vida à forma, à estética e à beleza corporal, mas existe uma beleza superior e, para frutificar, ela deve fincar raízes na terra e no barro, deve se sujar e apodrecer primeiro, morrer para dar fruto, um fruto multiplicado.

Também soa como provocação a afirmação de que quem ama a vida a perderá e quem a odeia a conservará na outra vida. Em qual vida? O evangelista fala de vida "eterna", uma vida que já não se pode perder, adquirida para sempre e que, portanto, não é efêmera nem temporal, murchando com o tempo, como a beleza. A vida que ele propõe não se perde. Os analistas cristãos costumam interpretar essa "vida eterna" como uma vida no além, sem relação com esta. Não é este o sentido que Jesus imprimiu ao se dirigir aos gregos. Sempre que fala do Novo Reino e, portanto, da nova vida, ele se refere à vida concreta, e não à do além. "O meu Reino já está entre vós", dizia aos Apóstolos. A felicidade e a infelicidade são terrenas.

Ódio às aparências

Quando o profeta fala de odiar esta vida, fala de odiar o que na verdade são aparências e não a vida verdadeira. E quando diz que quem ama a vida a perderá também se refere a quem ama as aparências da vida e da beleza, tão aplaudidas na cultura grega do seu tempo. Com o passar dos anos, esta beleza murcha sem deixar frutos, enquanto a beleza autêntica é capaz de morrer para dar frutos maiores e mais importantes. Contudo, o profeta do paradoxo é realista e sabe da importância que as formas têm para homens e mulheres, o exterior, a beleza que se manifesta aos olhos, e como é difícil apreciar a beleza interior que não tem idade, nasce de dentro e está carregada de frutos, ainda que não sejam visíveis.

A sociedade de ontem e de hoje costuma valorizar o que reluz, o jovem, o belo, o valentão e até o violento. Privilegia a força e não é capaz de apreciar um gesto pacífico, um sinal de perdão que não revela covardia, mas riqueza interior, como a semente que apodrece sob a terra desprezada por todos e termina brotando com todo o esplendor dos novos frutos. Contudo, as categorias de Jesus eram diferentes daquelas dos simples mortais. Ele vivia em uma dimensão em que os valores parecem confusos, como a loucura das bem-aventuranças, nas quais os pobres são felizes e os ricos, infelizes, os que reinam são os pacíficos e os violentos acabam perdendo. Outra dimensão e outra lógica. Por isso é difícil para as pessoas entendê-lo e nem os intelectuais, habituados à lógica cartesiana, o compreendiam melhor. Por isso ele era desconcertante. Os sentimentos e as emoções de Jesus eram profundamente humanos. Para ele era tão claro o segredo que queria comunicar aos homens sobre outra vida possível, outra lógica e um modo de ser e pensar diferentes do egoísmo habitual, que às vezes dá a impressão de perder a paciência e se irritar com aqueles que não sabem ou não querem compreendê-lo. Por isso, às vezes, ele substitui a ironia e o humor pelas palavras duras que ferem como chicotadas e, antes de tudo, surpreendem, pois ele era a imagem viva da não violência e proclamava o absurdo de fazer o bem a quem nos faz o mal.

GUERRA AO VELHO. "NÃO VIM TRAZER A PAZ, MAS A DIVISÃO"

Nos Evangelhos há uma frase que pode parecer uma forte contestação à tese deste livro de que Jesus veio pregar uma sociedade onde não haverá violência, competição ambiciosa entre os homens e invejas infrutíferas. Só os Evangelhos de Mateus e Lucas a mencionam, mas há consenso entre os intérpretes da Bíblia de que ela é autêntica pela plasticidade e aparente contradição com o resto da doutrina de Jesus. Trata-se da afirmação do profeta de Nazaré de que ele não veio trazer a paz, mas a divisão entre os homens. Mateus escreve: "Não penseis que vim trazer a paz à terra. Não vim trazer a paz, e sim a espada. Pois vim separar o filho de seu pai, a filha de sua mãe, a nora de sua sogra." (Mt 10, 34-35.) A passagem é muito semelhante em Lucas: "Pensais que vim trazer paz à terra? Digo-vos que não, e sim a separação. Doravante estarão cinco numa casa separados entre si, três contra dois e dois contra três; estarão divididos o pai contra o filho e o filho contra o pai; a mãe contra a filha e a filha contra a mãe; a sogra contra a nora e a nora contra a sogra." (Lc 12, 51-53.)

Como é possível alguém dizer que no futuro não haverá ódios nem violências entre as pessoas e sim compaixão, misericórdia e perdão para os inimigos, pedir que demos a outra face a quem nos esbofeteia e depois dizer que não veio trazer a paz e sim a guerra, a espada e a divisão entre homens e mulheres? Ao longo dos séculos houve infinitas explicações para estas palavras misteriosas e aparentemente absurdas. Elas chegaram a ser usadas pela esquerda marxista, que apontou Jesus como o primeiro socialista da história e um combatente político argumentando que pertencia à seita dos zelotes, um grupo semelhante à guerrilha que defendia a expulsão dos romanos que haviam invadido a Palestina. Até teólogos católicos progressistas usaram estas palavras enigmáticas para justificar a guerrilha contra regimes capitalistas autoritários. Segundo eles, Jesus legitimava a violência se ela fosse necessária para defender os mais humildes.

Contudo, em boa hermenêutica – por meio de uma boa interpretação das escrituras sagradas – não é possível distorcer, com um só texto de difícil compreensão, todo o resto dos Evangelhos, que transmitem a mensagem de paz e solidariedade de alguém que se deixou matar e nem nessa hora ordenou aos Apóstolos que desembainhassem as espadas. Jesus sempre acalmava a fúria dos discípulos mais fogosos, que clamavam pelo castigo de Deus quando não eram bem recebidos num lugar. Então, desde o início seria lógico pensar que Jesus tentava dizer, com estas palavras transmitidas por Mateus e Lucas, algo muito diferente de justificar a violência. Além disso, é impossível que elas signifiquem o que parece indicar o texto, isto é, que Jesus não só legitima a violência como também afirma que é ele quem a traz à terra.

Então, o que significa que Jesus não tenha vindo trazer a paz, mas a divisão? Seguindo a linha de raciocínio da nossa tese, ele anuncia que é verdade que tenha vindo guerrear, mas contra o quê ou quem? A interpretação mais lógica seria que veio destruir tudo o que é velho, os critérios que costumam alicerçar a sociedade nascida da violência, as divisões que sempre existiram, existem e existirão entre os parentes. Ele vivia isso na própria carne, já que seus irmãos o consideravam demente e tentaram impedi-lo de levar adiante a sua missão de paz. Nos textos de Mateus e Lucas, Jesus indica que a pregação da sua doutrina era tão radical, tão distante dos critérios humanos competitivos, que seria impossível evitar divisões, lutas internas etc., pois ela estava fadada à rejeição por anunciar um mundo difícil de aceitar, como o perdão e o amor aos inimigos. Bastaria alguém da família romper com os antigos critérios que regem as relações humanas, inclusive as relações familiares mais estreitas tantas vezes carregadas de inveja, interesses pessoais, lutas por heranças etc., para que se criassem uma crise interna e enfrentamentos.

SONHADOR E PRAGMÁTICO

Jesus era um grande sonhador e, ao mesmo tempo, um grande pragmático. Sabia para quem falava – gente simples do campo, pescadores iletrados, mães e pais de família com os quais empregava parábolas e exemplos bem concretos e simples extraídos da vida cotidiana para que pudessem entender. Por isso, nada é mais concreto e compreensível que os conflitos que costumam ocorrer até nas melhores famílias. Para divulgar a nova doutrina e o grande segredo sobre a nova sociedade, em que os mecanismos da violência seriam substituídos por uma nova era de paz e os homens se encontrariam em fraternidade em vez de se enfrentarem em guerras e competições, não havia melhor exemplo que a violência, ainda que camuflada, do ambiente familiar. Como em outras ocasiões, Jesus dá a entender que os conflitos familiares, reforçados pela sua doutrina de paz, pertencem ao velho sistema violento da humanidade. Como era contrário ao que era velho, propunha um horizonte livre de disputas entre parentes e entre os homens em geral. Porém, antes que isso acontecesse, a sua doutrina de ruptura fatalmente produziria novos conflitos, inclusive entre pais e filhos. Duas posições diferentes se enfrentariam: a antiga e velha, de invejas e ódios recíprocos, e a nova, de perdão, reconciliação, solidariedade e ajuda mútua. É curioso ver que a tese aqui exposta é reforçada pelo seguinte relato do Evangelho de Lucas, depois da questão da divisão familiar. Nele, Jesus afirma: "Quando fores, pois, ao magistrado com o adversário, faze o possível para entrares em acordo com ele pelo caminho, para que não suceda te entregue ele ao juiz e o juiz te ponha nas mãos do carcereiro e o carcereiro te jogue na prisão." (Lc 12, 58-59.) Esta passagem deixa evidente que Jesus nunca aposta seus ensinamentos na disputa, na briga ou na violência. Prefere o acordo, o diálogo e a tranquilidade da paz às turbulências da guerra e do enfrentamento mútuo. No segredo de Jesus não cabem os velhos procedimentos de vencer o outro superando-o e, se preciso for, pisando-o e desonrando-o. No Novo Reino, homens, mulheres e crianças se fitarão mutuamente sem ódio e perceberão no olhar do próximo o amor que sentem pelos outros. Isso é difícil? Pior, é impossível com as nossas velhas categorias relacionais. Por isso Jesus afirma que o mero anúncio da loucura do Novo Reino provocará uma revolução inclusive entre os mais chegados, que não a entenderão. Se alguém se atrever a empreender essa viagem impossível da compaixão e do amor desinteressados será de imediato incompreendido e confrontado pelos outros. Só quando toda a raça humana despertar no Reino da nova luz, as disputas e conflitos egoístas terão fim e os homens entrarão em acordo para não chegarem às vias de fato. Em princípio, a guerra à guerra, a violência contra a violência desembocarão na não violência que ele prega. Assim se viverá quando a humanidade incorporar a nova filosofia da paz e puser fim ao sangue dos sacrifícios, às vinganças e aos rancores que não terão lugar no Novo Reino, onde todos estarão mais preocupados com o bem do próximo do que com o próprio bem.

A SUPERAÇÃO DA FAMÍLIA DE SANGUE

Um dos textos que mais incomodam a Igreja é a passagem em que avisam a Jesus que sua mãe e seus irmãos o esperam e ele não se importa e até se pergunta quem serão, na verdade, sua mãe e seus irmãos. Século após século, a Igreja indaga como é possível Jesus ser tão desrespeitoso com a própria família, com a mãe e os irmãos. Não se deve duvidar da autenticidade desta passagem, narrada quase identicamente nos três Evangelhos sinópticos: Mateus (12, 46-50), Marcos (3, 31-35) e Lucas (8, 19-21.) É evidente que esse relato impressionou as primeiras comunidades cristãs, que não deixaram que estas frases se perdessem, como ocorreu com muitas outras. Um dos critérios para reconhecer a originalidade do texto é que ele cause mal-estar, o que ocorre neste caso quando o profeta, que devia ser exemplo de bom filho e bom irmão, mostra-se indiferente e demonstra se importar mais com os discípulos e as discípulas que o seguem nas suas andanças do que com a própria família. Eis o texto de Mateus, quase igual aos dos outros dois sinópticos: "Enquanto ainda falava ao povo, a mãe e os irmãos estavam do lado de fora querendo lhe falar. Alguém diz: 'Tua mãe e teus irmãos estão lá fora e querem falar-te.' Respondendo, disse para aquele que lhe falava: 'Quem é minha mãe e quem são meus irmãos?' E, estendendo a mão sobre os discípulos, disse: 'Eis aqui minha mãe e meus irmãos.'" (Mt 12, 46-50.)

A interpretação espiritualista das Igrejas sempre enfatizou que, para Jesus, todos são iguais perante Deus e que ele considerava mães e irmãos os que o seguiam e punham em prática a sua mensagem de amor e não violência. Mas a Igreja sabe perfeitamente que há muito mais neste texto. É impossível não ver, no mínimo, certa falta de respeito neste episódio, especialmente à mãe. Ele nem quis saber por que o tinham procurado. É preciso colocar-se no lugar da sua família, que é publicamente rejeitada, para entender que não é fácil digerir esta passagem para quem nunca quis encarar Jesus como um homem comum, com as paixões e fraquezas que lhe são inerentes, e o vê como um homem de Deus. É evidente que para ele – não podemos esquecer que, segundo os Evangelhos, ele fora perseguido pelos irmãos, que o taxavam de louco – o importante era a missão à qual se dedicava inteiramente. Porém, as boas maneiras exigiam que dedicasse ao menos alguns minutos para perguntar o que queriam a mãe e os irmãos.

Por que não o fez? Este trecho é difícil de explicar sem a interpretação que tentamos fazer neste livro do conjunto da mensagem de Jesus. Não é que tenha sido mal-educado com a família. Trata-se de algo muito diferente. Para ele, tudo o que é velho devia ser transcendido, e os laços de sangue pertencem principalmente à tradição da velha sociedade, que precisou da instituição familiar para obter coesão e evitar que a violência sexual se manifestasse. Por isso, todas as Igrejas, da católica às protestantes, sempre se empenharam em defender a instituição familiar como algo sagrado.

Para ele, a família tradicional era insuficiente

Como comentamos antes, Jesus pensava numa sociedade diferente e nova em que todos formariam uma grande família universal sem rivalidades, violências e pequenos interesses particulares. Por isso, a família tradicional de sangue, principalmente a família judia, não lhe era suficiente, e ele aproveitou a ocasião para dar a entender que a família, com todos os laços que implica, as limitações à liberdade e os egoísmos ocultos, seria um dia substituída por algo melhor, mais aberto e universal, em que todos seriam mãe, pai e irmão dos outros. Não lhe importava passar por mal-educado diante destes horizontes imensos e difíceis de entender para a raça humana. Jesus não se preocupava muito com as formas e ia direto ao âmago das coisas.

Hoje em dia, mesmo nos estreitos limites da atual raça humana, já se percebem os germes de uma abertura social da família em busca de novas formas – ainda que no momento seja difícil colocá-las em prática –, no lugar da clássica célula familiar. Basta pensar que, hoje, quase a metade das famílias está dividida e formou novas uniões em que os filhos encontram outras figuras paternas e maternas e outros irmãos de adoção. Como seria a prática da nova família num mundo em que o alicerce da sociedade não estivesse nos mecanismos da violência, mas na solidariedade e no alegre partilhar de tudo entre todos? Jesus não deu explicações, nem poderia tê-lo feito, porém, com aquele gesto revolucionário e aparentemente mal-educado perante a família, abriu caminho para novas pesquisas sobre a fundação de uma sociedade diferente da família tradicional, que às vezes se converte num gueto ou refúgio que nos afasta da grande família humana e limita nossa criatividade.

Entendo que estes voos de Jesus sejam difíceis para as Igrejas. Tanto é assim que criaram o sacramento do matrimônio, que não existia antes. Nos primeiros séculos da nossa era, quando a Igreja instaurou o sacramento do matrimônio, o casal que queria formar família comunicava pessoalmente ao resto da sua comunidade que havia decidido viver junto de modo cristão. Portanto, naquele tempo o sacramento não era oficiado por um sacerdote, mas pelos próprios esposos. Eram eles que se casavam, e não o padre, como eram também eles que se descasavam quando isso lhes parecia melhor para si mesmos e seus filhos. Isso é óbvio, mas à Igreja não interessa que os fiéis o saibam. Prefere que continuem acreditando que é o poder da Igreja que consagra a sua união, o que não é verdade. Se encararmos o sacerdote como uma testemunha pública de que um homem e uma mulher desejam viver juntos, então isso vale também para dois homens ou duas mulheres que queiram a mesma coisa. Por isso, para contornar a dificuldade e a dureza do texto, a Igreja buscou uma interpretação de tipo religioso, como se, com esse gesto, Jesus afirmasse que os que desejam se consagrar à vida religiosa em um convento ou uma instituição devessem romper os laços familiares e criar uma nova família, a religiosa. De fato, em alguns conventos, religiosos de ambos os sexos mudam de nome para reforçar os laços com a nova família.

Contudo, naquela ocasião Jesus não pensava nos futuros conventos. Ele nunca criou ordens religiosas, uma nova Igreja, nem novas religiões; elas foram fundadas mais tarde. Ao mencionar a família, Jesus se referia à grande família humana, aos homens e às mulheres da terra, e não aos estreitos limites do âmbito familiar ou religioso. Caso contrário, a força revolucionária e demolidora da sua mensagem seria menor e teria se limitado à estreiteza dos particularismos. Naquela ocasião, Jesus ergueu a mão para indicar à multidão que o seguia que aqueles que intuíam um mundo de relações humanas diferentes simbolizavam o alvorecer da nova humanidade que um dia povoaria a terra.

A CHEGADA DA NOVA ERA. O GERME DA NOVA HUMANIDADE

As palavras de Jesus sobre a chegada do Reino dos Céus foram perdendo o seu verdadeiro significado ao longo do tempo e de variadas especulações, e foram interpretadas como se implicassem, de um lado, o além e, de outro, o seu retorno triunfal para julgar os vivos e os mortos. Dissemos que Jesus nunca identificou o Novo Reino, a Boa-Nova, com o céu, pois todos os exemplos que dá se referem à vida terrena. Há quem chegue a pensar que Jesus se equivocou ao acreditar que o Reino chegaria durante o seu tempo de vida. A teologia das primeiras comunidades judaico-cristãs, inclusive a de Paulo, se baseia na parúsia: a segunda vinda de Jesus à Terra. Após a sua morte e ressurreição, Jesus voltaria para julgar os homens. Daí a ideia de Paulo de Tarso de que não valia a pena casar e formar família, já que o final dos tempos estava próximo. Esta é a interpretação de alguns grupos do início do cristianismo. Contudo, Jesus afirmou que ninguém, nem os anjos ou ele mesmo, só Deus, sabia o dia e a hora em que nasceria a nova humanidade, a nova era, o mundo sem violências fundado no amor puro e desinteressado. Jesus só intuiu que um dia isso poderia ocorrer. Quando? Não se sabe. Pode ser dentro de milhões de anos ou depois de amanhã, com um salto genético capaz de criar uma nova espécie humana.

Lucas tem um texto definitivo sobre isso que poucos quiseram examinar detalhadamente. Um dia, um grupo de fariseus pergunta a Jesus, talvez tentando confundi-lo, quando chegaria o famoso Reino de Deus que ele tanto anunciava sem jamais esclarecer de que se tratava. A resposta é fundamental: "Interrogado pelos fariseus, quando chegaria o Reino de Deus, respondeu-lhes Jesus, dizendo: 'O Reino de Deus não vem ostensivamente, nem se poderá dizer: está aqui ou está ali, porque o Reino de Deus está no meio de vós.'" (Lc 17, 20-21.) No entanto, os próprios evangelistas e até os primeiros grupos cristãos terminaram interpretando a ideia do Reino de Deus como uma aparição espetacular de Deus na Terra. Eles a esperavam a qualquer momento. Algumas seitas evangélicas continuam esperando a chegada milagrosa e ostensiva de Deus e esquecem as palavras de Jesus de que aquele Reino, que era o seu grande segredo, significava outra coisa. Jesus chega a dar uma pista: já está no meio de vós. Onde? Onde as pessoas menos esperam. Esse Novo Reino está germinando entre os que preferem a luz às trevas, não desprezam os pobres, sabem perdoar as ofensas e respondem à violência gratuita oferecendo a outra face.

Jesus – sua pessoa, suas ideias e seu modo de atuar – era um exemplo vivo daquele Reino que já estava na Terra, era uma realidade. Jesus era mais que um homem porque havia superado as barreiras do puramente humano, da contaminação com as categorias da cultura da violência. Preferiu deixar-se matar a ter que matar ele mesmo, e mandou os discípulos guardarem as espadas. Outros lhe seguiriam na história: Gandhi, Luther King, Madre Teresa de Calcutá e mil homens e mulheres anônimos que conseguiram superar a barreira do puramente humano para viver outra dimensão de compaixão e solidariedade, de entrega às boas causas e de luta pela paz. Deles dizemos que não parecem humanos porque já ultrapassaram a raça humana, que é intrinsecamente violenta e interessada. Pertencem a outro mundo, a outro Reino, como o profeta de Nazaré.

Jesus era leigo, não sacerdote

A famosa parúsia – a segunda vinda de Cristo à Terra – ocupou os escritos dos primeiros séculos do cristianismo e contaminou os evangelistas, que ecoam esta doutrina que continua viva. Ainda há gente que espera o surgimento de um fato extraordinário no mundo, a chegada da presença milagrosa do poder de Deus, que poderia ser um cataclismo terrestre ou algum outro fato surpreendente. Mais uma vez o profeta judeu foi mal interpretado, inclusive por seus discípulos. Por isso, a reinterpretação dos Evangelhos requer um novo significado. Não se pode esquecer que Jesus era leigo, não um sacerdote, apesar de ser profundamente religioso e estar impregnado pelas Sagradas Escrituras. Era também um iluminado que conhecia outras filosofias, culturas e religiões, como já indicamos, e, sobretudo, era um ser intuitivo com ideias próprias que estava adiantado para o seu tempo.

No texto de Lucas mencionado anteriormente, ao afirmar de modo indiscutível que o Reino de Deus não chegará "ostensivamente", Jesus desmente todas as teorias sobre a vinda extraordinária e estrondosa de Deus para julgar os bons e os maus. Para Jesus, o Reino de Deus, a nova humanidade não violenta, assemelha-se mais ao cultivador que lança a semente na terra para que ela germine lentamente e em silêncio, sem pressa e alvoroço. Parece-se também à semente de trigo, que, para germinar, antes precisa apodrecer na terra, como ele disse provocadoramente aos gregos, que cultuavam a beleza física do corpo. Em Jesus nada se afasta

O grande segredo de Jesus

do terreno, e o mesmo ocorre com seus exemplos baseados na vida cotidiana. Ele até sabe prever a meteorologia fitando o entardecer no pôr do sol. Conhece como ninguém as misérias e debilidades do ser humano, suas contradições, seus voos rasantes e a escassa paixão pelo sublime. Foi o maior psicólogo que já existiu, porque dava a impressão de conhecer o ser humano por dentro. Lia os maus pensamentos de fariseus e sacerdotes. Era doce e compassivo, mas também temperamental, especialmente ao atacar o poder injusto e os que pisoteavam os fracos. Então, é impossível atribuir-lhe uma concepção da chegada do Reino de Deus como algo extraordinário, ostensivo, e que, além disso, fosse ocorrer na sua época. A Igreja precisa reexaminar este capítulo fundamental e entender que Jesus encarava a grande novidade da sua mensagem não como uma mudança de mentalidade, de conversão do pecado à graça, mas como o processo lento e real da evolução da raça humana para um horizonte totalmente novo, semelhante ao que às vezes projetamos ao sonhar com possíveis habitantes de outros planetas. Eles serão violentos como nós? Interesseiros e egoístas? Invejosos? Ou serão indivíduos de paz, que vivem em harmonia e fazem do amor e da compaixão a regra fundamental da vida? É o que às vezes nos perguntamos, nostálgicos, sobre uma humanidade diferente da nossa, tão carregada de ódio e de morte.

Quarta parte
do segredo

A teologia da redenção e da cruz é insustentável

Jesus nunca aceitou o papel de vítima. Ele rejeita a dor e o sofrimento e está sempre do lado da felicidade. É a primeira vítima da história que não aceita o sacrifício pelo bem da humanidade. Como afirma René Girard, com Jesus quebra-se um tabu que se arrastava desde a origem do mundo: alguém devia morrer pelos outros. Daí se deduz algo que pode ter muita repercussão na Igreja: o importante na vida de Jesus não é a sua crucificação e morte, e sequer a ressurreição, mas as suas palavras, o que desejou transmitir à humanidade, a nova mensagem capaz de revolucionar a raça humana que ele transcende. Contudo, para a Igreja isso é uma heresia, ainda que os textos evangélicos não deem a entender exatamente isso. Portanto, com esta interpretação caem por terra as bases da teologia católica fundada no conceito de redenção, que surge com Paulo de Tarso e continua vigente. Nele, Deus teria mandado o seu filho à Terra para salvar o mundo do pecado original de modo que, ao morrer na cruz, Jesus teria salvado a humanidade. Porém, como os Evangelhos demonstram claramente, se Jesus nunca quis morrer, cai por terra o conceito de redenção da teologia tradicional. Então, mais do que um herói disposto a se sacrificar pelos outros, Jesus foi um mensageiro de Deus. Ele foi morto pelo que disse e não pelo que fez. Cada vez que ouvia que o procuravam para matá-lo, ele se escondia e mudava de itinerário. No Jardim das Oliveiras, ao enxergar a morte iminente, transpira sangue e clama a Deus que o poupe daquele sofrimento. Preferia continuar vivo para revelar o seu segredo.

Contudo, ele nunca resistiu aos inimigos, nunca se defendeu. Na véspera da sua detenção, os Apóstolos tentam defendê-lo com as espadas (um deles chegou a cortar a orelha de um servo do Sumo Sacerdote), mas ele lhes pede que as guardem. Jesus era um homem de paz e pregava a não violência, o que ressalta ainda mais a sua morte injusta. Nem herói nem rebelde. Nem vítima nem carrasco. Ele era o homem que pedia o amor supremo de sermos capazes de amar os inimigos. Diante de Pilatos ele não aceita a condição de vítima, sequer de vítima inocente. Pergunta-se por que o condenam se só faz o bem a todos e se nega a responder perguntas inúteis. Fala a Pilatos sobre a verdade. "Que verdade?", pergunta este. Jesus responde com um silêncio significativo, como se pensasse que de nada serviria dizer o que para ele era a verdade, se as suas mãos estavam atadas pelas intrigas políticas e religiosas, a única preocupação dos governantes.

A DIFÍCIL ENTREVISTA COM PILATOS, QUE O CONDENA SEM SABER POR QUÊ

Qualquer jornalista gostaria de ter entrevistado Jesus, quando o acusaram de propor uma doutrina subversiva, ou ao menos assistir ao interrogatório do procurador Pilatos, que mesmo confessando não ver motivo para condenar o profeta à morte cede às pressões políticas da opinião pública – provavelmente influenciada pelo poder religioso – e permite que o torturem barbaramente e, depois, que o condenem à terrível morte na cruz, recurso que os romanos usavam contra os rebeldes políticos e os simples assaltantes. Os quatro evangelistas narram de modo muito distinto o encontro de Jesus com Pilatos. O mais completo é o relato do Evangelho de João, o mais gnóstico dos quatro, como já comentamos, pois enfoca a verdade e o conhecimento mais do que o sacrifício e o pecado. No primeiro interrogatório na casa do Sumo Sacerdote, antes de ser enviado a Pilatos para ser julgado, fica claro que Jesus – que em quase todos os interrogatórios mantém um silêncio e um mutismo que os exaspera – não aceita a condição da vítima que se entrega pelo bem dos outros. Pelo contrário, ele se defende e pergunta o que teria feito de mau para ser condenado. O Evangelho de João narra que o Sumo Sacerdote interroga Jesus sobre "seus discípulos e sua doutrina". O evangelista não conta o que foi perguntado e teria sido muito interessante sabê-lo, porém transmite a resposta de Jesus: "'Falei publicamente ao mundo. Sempre ensinei na sinagoga e no Templo onde se reúnem todos os judeus. Nada falei às ocultas. Por que me perguntas? Pergunta aos que me ouviram o que foi que lhes disse; eles devem saber de que lhes falei.' Imediatamente, um dos guardas presentes esbofeteia Jesus e diz: 'É assim que respondes ao Sumo Sacerdote?' Replicou-lhe Jesus: 'Se falei mal, mostra-me em que, mas, se falei bem, por que me bates?'" (Jo 18, 19-23.) Jesus não se acovarda. Não aceita que o acusem injustamente.

Então o Sumo Sacerdote o entrega a Pilatos e este reluta em condená-lo. Sendo Jesus judeu, por que querem que ele, um procurador romano, o julgue? Mais de uma vez Pilatos tenta sair daquele impasse. Não quer condená-lo, mas teme declará-lo inocente e criar desavenças com os acusadores. Ele lava as mãos. Jesus, por sua vez, sabe que uma das acusações que lhe fazem é que o anúncio da chegada do Novo Reino poderia fazê-los crer que ele visava a se proclamar rei, em oposição à opressão romana na Palestina. Por isso, apesar de se negar a responder muitas perguntas de Pilatos, desta vez ele responde para explicar que o seu Reino "não é deste mundo". Explica que se fosse um reino temporal, secular, já teria recrutado soldados para defendê-lo do julgamento. Mais uma vez Jesus assegura que não pretende se defender pelas armas, só com palavras. Então, diz coisas que deixaram Pilatos atônito e originaram a famosa pergunta: "O que é a verdade?" O profeta acusado de subversão diz a Pilatos que é rei, mas não como ele imagina. É um líder espiritual que veio ao mundo "para dar testemunho da verdade". Pilatos deve ter dado um salto na cadeira e então lhe pergunta o que é a verdade. Jesus não responde, mas a atitude do profeta deve tê-lo impressionado, pois em seguida João conta que ele diz aos judeus: "Eis que vo-lo trago para que saibais que não acho nele nenhum crime." (Jo 19, 4.)

Pilatos não ouviu dos lábios de Jesus o que, para ele, era a verdade. Quantas verdades existem? Qual era a dele? Era o seu grande segredo, e não quis revelá-lo a Pilatos porque ele não o teria compreendido. A sua verdade é que o mundo está regido pela violência que tudo move. Violência física e religiosa, sacrifícios inúteis e interrogatórios absurdos, como o que lhe impunham. A verdade é que o condenavam não pelo que tinha feito: curar a todos, pregar a não violência, ser fiel à própria consciência, superior a todas as leis; mas pelo que vinha dizendo. De fato, em todos os interrogatórios nem uma vez ele é acusado pelo que fazia no seu ministério profético. As perguntas se referem ao que tinha ou não dito. As suas palavras causavam perturbação, desestabilizavam a ordem constituída e anunciavam uma nova humanidade que viveria em paz e sem conflitos, coisa que pouco interessava aos poderes constituídos, que se firmavam pelo emprego dos instrumentos violentos da lei e ignorando a consciência pessoal.

A FORÇA MILAGROSA DO SER HUMANO

Uma das maiores polêmicas a respeito dos Evangelhos é se os milagres atribuídos a Jesus eram verdadeiros, isto é, fatos que romperam as leis da natureza, ou se ele era um simples curandeiro e os Apóstolos generosamente lhe atribuíram uma série de atos de caráter sobrenatural para fazê-lo parecer um deus. Existe uma diferenciação entre os milagres de certa forma práticos ou humanos, como fazer um paralítico andar, devolver a visão a um cego e curar o fluxo de sangue de uma mulher, e os milagres considerados fantásticos ou mágicos, como converter água em vinho e multiplicar pães e peixes.

Já comentamos que, pelo prisma moderno, os Evangelhos não são uma obra histórica. Eles são o reflexo da teologia e da fé das primeiras comunidades cristãs, o que não significa que não tenham por base narrações de fatos reais que, em muitos casos, mais tarde se transformaram numa glorificação cristã. Atualmente, os maiores especialistas da Bíblia reconhecem que Jesus tinha uma grande força terapêutica. Foram tantas as curas que fez, às vezes narradas com tantos pormenores, que é impossível que tenham sido inventadas ou não passem de metáforas. Ao mesmo tempo, Jesus nunca aparece como um mago ou prestidigitador que realiza atos exibicionistas extraordinários desprovidos de uma finalidade corporal ou espiritual. Mesmo os milagres que, à primeira vista, parecem obra de magia, como, por exemplo, converter água em vinho ou caminhar sobre as águas, não estão desprovidos de uma finalidade concreta. Jesus curava fundamentalmente mediante a imposição das mãos, às vezes até com a própria saliva. Hoje ninguém discute os efeitos benéficos do *reiki*, uma prática terapêutica aceita em todo o mundo que se baseia na imposição das mãos nos pontos mais frágeis ou doentes do corpo. Por isso, nos milagres de Jesus, dos mais próximos às modernas terapias aos mais espetaculares, como converter água em vinho, deve-se buscar um simbolismo especial que transcenda o seu valor real e surpreendente. Jesus não curava para ficar rico nem para chamar a atenção. Às vezes, após curar um doente pedia-lhe que não contasse o fato a ninguém para evitar comoções inúteis. Todos os seus atos milagrosos tinham uma finalidade muito concreta: aliviar a dor das pessoas. Jesus não suportava ver ninguém sofrer. Por isso dizem que "curava a todos". Ele nunca disse a um doente ou aleijado que tenha pedido ajuda que aceitasse a sua condição e a sua dor e oferecesse esta a Deus em sacrifício. Inclusive foi criticado por não exigir que os discípulos jejuassem, como fazia o seu primo João Batista. Mesmo o seu maior milagre, a ressurreição de Lázaro, com forte valor simbólico, ocorreu por impulso, depois de chorar ao ver o amigo morto. A compaixão o move e o faz colocar em movimento uma força interior capaz de modificar a natureza. Por tudo isso, o milagre que faz nas bodas de Canaã, ao converter água em vinho, tem relação com a sua personalidade, sempre mais inclinada à felicidade e à alegria do que à dor; não lhe parecia bem que a festa acabasse por falta de vinho, uma vez que entre os judeus as festas são longas e plenas de alegria. A sua mãe, que estranhamente estava presente, pois nunca o acompanhava, solicitou o milagre e ele concordou para que os noivos não fossem humilhados e precisassem dar a festa por encerrada pela falta da bebida.

No entanto, deve-se acrescentar que os milagres de Jesus apresentam uma singularidade: podem ser reais ou simbólicos, mas ele jamais os considerou algo próprio, que só ele podia realizar por ser Deus. De jeito nenhum. Ele ordena aos discípulos que façam curas, e eles as fazem. Chega até a afirmar que todos poderão realizar prodígios maiores que os seus se acreditarem que isso é possível.

A FÉ LEIGA TAMBÉM FAZ MILAGRES

Essa foi uma das grandes novidades de Jesus: a revelação da força milagrosa do ser humano. Na linguagem do seu tempo, Jesus afirma que, com fé, qualquer um é capaz de mover uma montanha. Essa fé não precisa ser religiosa, isto é, deve ser a fé em si, fé na capacidade ilimitada do homem, fé leiga. Hoje, os cientistas afirmam que a forte convicção de uma pessoa pode fazer milagres, ainda que não sobrenaturais. Não se trata disso, mas de acreditar que, quando uma pessoa deseja profundamente uma coisa, por exemplo, curar-se, a convicção ou a fé produzem efeitos numa área especial do cérebro que pode levar à realização do desejo. Inclusive a Igreja aceita que muitos milagres atribuídos a peregrinos nos santuários marianos ao redor do mundo não passam de milagres produzidos pela força da fé. Um leigo diria pela força do desejo. Já foi provado, por exemplo, que a ação produzida no cérebro pela ingestão de placebo pode curar uma doença.

Como demonstrou com os seus feitos, Jesus e seus discípulos eram capazes de fazer prodígios e curas pela força da vontade, do amor e da compaixão pelo próximo e também pela força da fé em Deus, como bons judeus que eram. Se ele podia fazê-lo, outros humanos também seriam capazes. Isso ocorreu no seu tempo e sucederia com mais frequência no futuro. Hoje, a ciência explica que as possibilidades paranormais do cérebro são infinitas. Fenômenos que hoje são extraordinários, como, por exemplo, a telepatia ou a comunicação a distância, amanhã poderiam ser normais com o maior desenvolvimento do nosso cérebro. As possibilidades são enormes. Não é preciso dizer que Jesus pensava em uma humanidade mais avançada, especialmente no que concerne ao amor aos demais e à maior capacidade de produzir paz em vez de violência. O que para nós hoje são milagres para esta humanidade que um dia poderia surgir como um processo de desenvolvimento do nosso cérebro seriam atos comuns da vida cotidiana. Quantos milagres a medicina faz hoje em dia? E a física? Ou a tecnologia? Se um antepassado nosso da Idade Média ressuscitasse e aterrissasse na nossa sociedade, ele não saberia o que fazer, pois tudo lhe pareceria um milagre mágico. Milagres maiores que os atribuídos a Jesus.

A essência dos milagres feitos por Jesus e o seu valor simbólico desmentem a teologia da cruz e, de modo geral, todas as teologias baseadas no sacrifício, na dor e na aceitação dos próprios limites. O ser humano está fadado a superar os seus limites e também – não sabemos quando nem como – a morte. Não era essa possibilidade futura o que Jesus tentava antecipar simbolicamente ressuscitando os mortos? O evangelista João disse que Jesus era a vida e a luz. Era também a palavra, e é exatamente isso o que prega a sabedoria gnóstica. A filosofia da morte nunca aparece nos Evangelhos, muito menos no de João. Deus não cria o homem para morrer, mas para viver. A vida se perpetua continuamente, porque nela está centrada a força do mundo. Por isso Jesus queria viver e não morrer. A força da violência irracional e da injustiça humana acabou com ele muito cedo. Morreu perguntando a Deus – quase exigindo explicações – por que devia morrer se tinha vocação para a vida. Não entendia a razão para Deus e o destino o abandonarem de forma tão impiedosa e cruel, sem que ele soubesse por quê.

Para resgatar teologicamente a atroz morte de Jesus na cruz, os evangelistas deixaram uma série de textos, de credibilidade duvidosa, em que lhe atribuem a consciência de que sua morte era necessária para que se cumprissem as profecias atribuídas ao Messias que viria resgatar o povo judeu. A frase que melhor desmente tudo isso é uma terrível queixa de Jesus quando, cravado à cruz, ele pergunta a Deus, seu Pai, por que o abandonara daquele modo. Suas palavras revelam que não era verdade que ele soubesse que teria um fim tão pouco glorioso, pregado à cruz como um bandido qualquer. Se estes textos evangélicos glorificadores e tingidos de teologia fossem autênticos, Jesus não teria razão para se queixar a Deus, sabendo o que o esperava. Mas não era assim, ainda que ele pudesse suspeitá-lo, principalmente ao final da sua pregação, quando percebeu a resistência dos poderes religioso e político à sua mensagem. Na verdade, Jesus, que foi morto com aproximadamente 33 anos, teria gostado de continuar pregando e revelar suas ideias revolucionárias no campo das relações humanas e das relações do homem com a divindade e anunciar uma nova humanidade possível. Ele simplesmente foi impedido de continuar vivo. O resto são suposições teológicas que ele jamais imaginou.

CONTRA O AFÃ CONSUMISTA: OS PÁSSAROS DO CÉU E OS LÍRIOS DO CAMPO

Jesus, que anunciava um reino futuro de paz, solidariedade com o próximo e desprezo pelas coisas materiais, era decididamente contrário aos nossos afãs consumistas e acumulativos. Os evangelistas Mateus e Lucas são bem explícitos neste sentido. Narram que Jesus criticava a ânsia por comida e roupas dos Apóstolos, mesmo sendo gente simples, pobre e com pouquíssimos recursos. Jesus é sempre radical, não gosta de meias-tintas e pensa que é melhor dar o pouco que se tem para ajudar quem possui ainda menos. Diz aos que o seguem que não se preocupem muito com o que irão comer ou vestir, duas necessidades básicas. Ele era um grande observador da natureza devido aos seus conhecimentos do mundo rural, tendo passado a infância na aldeia camponesa de Nazaré. Amava a natureza e dela extraía exemplos e comparações para melhor ilustrar a sua mensagem. Assim, no meio dos ensinamentos deixados aos Apóstolos está a terna imagem dos pássaros do céu, que "não semeiam nem ceifam, não têm despensa nem celeiro, mas Deus os alimenta" (Luc 12, 24), ou a dos lírios e das flores do campo que não precisam fiar para fazer vestidos. "Eu vos digo: nem Salomão com toda a glória se vestiu como um deles." (Luc 12, 27.) Jesus observa que, se Deus age assim com as aves do céu e as flores do campo, com mais razão se preocupará com os homens, seus filhos. Será por capricho que ele pede que nos desinteressemos pela vida a ponto de pararmos de trabalhar para nos alimentarmos e nos vestirmos? Claro que não. Estamos diante de uma de suas metáforas e parábolas, uma de suas hipérboles, já que, como vimos, ele adorava provocar e levar as coisas ao limite.

Este é outro texto sobre o qual foram escritas milhares de análises, às vezes ridículas, outras tentando encaixar o conceito nos estreitos limites da vida religiosa dos conventos, onde monges e monjas não precisam se preocupar com a alimentação nem com vestimentas. Uma explicação como essa diminui terrivelmente a força do texto evangélico, que é de uma radicalidade absoluta e ironiza os que vivem e trabalham voltados exclusivamente para o consumo. Esta narrativa se encaixa perfeitamente no anúncio da nova humanidade. De fato, nestes mesmos textos Jesus aconselha os Apóstolos a se preocuparem principalmente com a chegada do Novo Reino, quando a raça humana se livrará por completo da sua essência violenta e competitiva e viverá plenamente a solidariedade e a irmandade entre os seres humanos, sem as preocupações consumistas de hoje. Os valores, as apostas na felicidade e a visão das coisas serão diferentes. Jesus vislumbra uma sociedade futura em que a vida da natureza terá um grande valor agregado e servirá de exemplo, como no caso das aves e dos lírios do campo, porque não ocorre de às vezes invejarmos a agilidade das aves e o privilégio que têm de voar e ver a terra do alto? E não invejamos também as flores por suas tonalidades, nuances e composições cromáticas, que superam as cores da paleta de qualquer pintor?

OS ANIMAIS SÃO MELHORES QUE OS SERES HUMANOS?

Talvez Jesus intuísse uma nova raça humana em que o homem e a mulher seriam mais parecidos com a natureza e os animais, que nos superam em várias características inatas e despertam a nossa inveja. Lembro-me da coluna do escritor espanhol Manuel Vicent no jornal *El País* sobre uma olimpíada (não recordo o ano.) Ele ironizava a burrice de que se orgulham até mesmo os melhores atletas que, para vencer certos desafios, se sacrificam durante todo o ano em treinamentos duríssimos e inclusive passam fome para não aumentar seu peso. O artigo assinalava que qualquer lebre era mais rápida que um medalhista de ouro. Se os animais competissem, dizia Vicent, levariam todas as medalhas, por mais que os humanos se esforçassem. Todos conhecemos a capacidade de entrega e afeto e até o heroísmo de muitos animais domésticos, mais generosos e isentos das invejas e dos rancores a que os seres humanos estão sujeitos. Por exemplo, quando piso sem querer no rabo da minha gata, ela nunca tenta me arranhar, só choraminga e logo vem se enroscar nas minhas pernas. Se eu pisar sem querer no pé de uma pessoa, ela no mínimo me lançará um olhar de reprovação ou reclamará mal-humorada: "Preste atenção!"

As pregações colocam Jesus acima das pequenas mesquinharias humanas que ele deseja superar. Não é um homem de medos e obrigações. Ele não tinha casa própria e dormia onde lhe permitissem. Não se preocupava com o que ia comer, mas não permitia que ninguém passasse fome por um dia sequer. Se fosse preciso, fazia milagres para que ninguém sofresse por falta de alimentos. Como disse certa vez, o importante no homem não é a sua parte externa nem são as preocupações excessivas com o cotidiano. Como era alguém de outros mundos e outras alegrias, ele tentou convencer a humanidade de que o que os homens costumam descartar é o que realmente tem valor, e o que acumulam acaba comido pelas traças. Ele era livre como os pássaros, e todos os seus esforços se voltavam para a criação de seres inteligentes ocupados com os sentimentos, as relações com os outros e o amor que punham nas coisas, e não com as coisas em si. De modo que o mandamento de Jesus de não nos preocuparmos demais com o que comeremos ou o que vestiremos deve ser interpretado como uma mensagem de liberdade. Quanto mais preocupações econômicas tivermos e quanto mais acumularmos, menos capazes seremos de voar como os pássaros e ver das alturas o mundo e suas belezas, em sua verdadeira dimensão e com uma escala de valores verdadeira, que, em geral, não coincide com a que costumamos empregar.

QUEM É O MEU PRÓXIMO? A PROVOCAÇÃO DA PARÁBOLA DO SAMARITANO

Um dia, um legista, provavelmente doutor em leis, isto é, um burocrata e com certeza muito religioso, perguntou a Jesus, "para pô-lo à prova", o que devia fazer para alcançar a vida eterna, além de honrar a Deus. Jesus lhe explicou que devia "amar o próximo como a si mesmo", como estava escrito na lei. O burocrata insistiu e perguntou quem era o seu próximo. Neste momento Jesus inventou a parábola do samaritano, com a evidente intenção de provocar. É a história de um homem que ia de Jerusalém para Jericó e foi atacado por bandoleiros que roubaram tudo o que ele tinha, o espancaram e o abandonaram ferido na estrada, pensando que estava morto. Por acaso passou por ali um sacerdote, isto é, um homem de Deus e fiel servidor do Templo. O que ele devia ter feito? Com certeza socorrer o ferido, mas não o fez. "Passou ao largo", relata graficamente o texto de Lucas (Luc 10, 31.) Mas aquele exemplo não bastava, e Jesus continuou colocando o dedo na ferida. Também passou por ali um levita, isto é, um homem religioso que servia no Templo. Seria ele mais caritativo que o sacerdote, que não se detivera e fingira não ver o ferido? Tampouco. Ele também passou longe e saiu sorrateiramente para não ter de se ocupar do pobre homem. Então Jesus introduz na parábola a grande provocação. Finalmente, passa por ali um samaritano. Para os judeus, quem eram os samaritanos? Uma seita de ateus que haviam criado a própria religião e o próprio templo, desafiando o deus judeu de Jerusalém. Os judeus os odiavam tanto que, quando queriam insultar alguém, o chamavam de samaritano. E o que fez o samaritano? Passou longe para não atender o ferido, como fizeram o sacerdote e o levita? Não. Lucas conta que o odiado samaritano "chegou ao seu lado e, ao vê-lo, sentiu compaixão. Aproximou-se, tratou-lhe as feridas, derramando azeite e vinho. Colocou-o em cima da própria montaria, conduziu-o à hospedaria e tratou dele. Pela manhã, tirando duas moedas de prata, deu ao hospedeiro e disse-lhe: 'Cuida dele e o que gastares a mais na volta te pagarei.'". (Lc 10, 33-35.) Neste ponto, Jesus provoca diretamente o legista e pergunta-lhe quem dos três se aproximara mais do homem ferido pelos assaltantes. Sem dúvida fora o samaritano, então Jesus lhe diz que na vida deveria agir como aquele ateu, e não como o sacerdote e o levita, que não tiveram compaixão do ferido. Ele não poderia ter sido mais explícito: o que salva o homem, o que o resgata perante Deus não é a condição de crente, o amor proclamado por Ele, as orações fervorosas ou os sacrifícios ofertados no altar, mas o que faz pelo próximo, por quem está em dificuldade e precisa de ajuda, sem perguntar-lhe quem é, quanto vale nem quanto tem. O amor deve ser desinteressado, um impulso que nasce da compaixão frente à dor e à desgraça do outro.

Para entender a provocação de Jesus àquele doutor da Lei é preciso colocar em perspectiva aquela época, em que se infundiam aos judeus o sentimento religioso, o respeito ao Templo, os sacrifícios de animais ofertados a Javé e o combate aos hereges e pagãos. Como Jesus foi capaz de desafiar daquele modo um homem religioso e fiel ao único Deus verdadeiro e afirmar que os blasfemos samaritanos – inimigos de Israel que traíram a fé de Abraão por adorarem em outro templo – eram melhores, mais compassivos e mais próximos da dor alheia do que um sacerdote do Templo? A sua intenção era questionar o poder religioso e expor a grande hipocrisia por trás de falsas manifestações públicas de religiosidade vazias de amor pelos que sofrem.

Este era o Jesus histórico, que ainda não fora manipulado pelas teologias e Igrejas que viriam a ser fundadas em seu nome. Não era um diplomata, virtude que mais tarde seria a chave da vida da Igreja oficial do Vaticano. Ele não tinha papas na língua e não contemporizava ao defender os mais fracos. Parece que se deleitava com a oportunidade de expor o vazio da religiosidade legista, composta por preceitos que nem os próprios legisladores eram capazes de cumprir e que ainda assim impunham aos outros. Devido à sua carga de provocação, a parábola do samaritano dificilmente pode ter sido inventada. Ela desvela a alma rebelde do profeta, amigo dos últimos, daqueles que, como o malvisto samaritano, não precisam da fé religiosa para se interessar e ajudar o próximo. Como analisaremos mais adiante, a personalidade de Jesus não combinava com a religião estabelecida. Ele preferia o contato direto com Deus, sem mediações eclesiásticas e sacerdotais. Por isso nunca quis criar uma religião. Talvez aspirasse superar todas elas.

A importância do que Jesus não diz: a questão do sexo

Insistimos na importância do que Jesus disse, ainda que seja difícil separar nos Evangelhos quais palavras são suas e quais provêm dos evangelistas. Recordamos que o mataram não pelo que fez, que foi o bem, mas pelo que disse ao longo dos três anos de pregação pelas ruas, praças e sinagogas. No entanto, é importante analisar o que Jesus não disse, aquilo sobre o qual calou por considerá-lo acidental para a essência da mensagem que desejava transmitir a respeito do seu grande segredo ou por achar que era algo tão natural que não valia a pena ser mencionado. Um exemplo deste silêncio de Jesus nos Evangelhos é o tema da sexualidade. Ela não é mencionada. Nenhuma das várias parábolas do profeta toca na questão do sexo. Às vezes Jesus se refere tangencialmente ao tema ao ser provocado, como quando lhe indagam sobre o divórcio e ele se indigna, uma vez que, na sua época, os homens podiam se divorciar, mas as mulheres não. Não há um só ensinamento de Jesus aos discípulos sobre sexo. Será que ele não o considerava importante? Claro que sim, mas isso para ele não era uma obsessão nem era fundamental para a sua doutrina. Importava-lhe o amor. Era melhor pecar por amor que por desamor. Nas relações pessoais ele se preocupava com a violência, a inveja, as ambições desmedidas e a hipocrisia; doíam-lhe as ofensas ao próximo e o que pudesse humilhar o desvalido, porque, como dizia, Deus perdoava o resto, mas a incapacidade de amar e ofertar amor era imperdoável.

Algumas pessoas me perguntam por que Jesus nunca toca no tema do aborto. Em primeiro lugar, porque não era um problema para os judeus. Para a mulher judia a esterilidade era um desgosto, mas não a gravidez. Os judeus consideram os filhos a maior graça de Deus, um prêmio. Tanto é assim que, em diversas passagens da Bíblia quando um personagem importante, como o patriarca Abraão, tem uma mulher estéril, Deus lhe permite que se deite com uma serva ou escrava que lhe dê descendência. No caso de Abraão, a própria mulher, Sara, pede-lhe que se deite com a serva para gerar um filho, e assim ele fez. Nos Evangelhos Jesus pode parecer até permissivo com os pecados do sexo. Isso fica patente na passagem em que, para desafiá-lo, apresentam-lhe uma jovem flagrada em adultério, pois a sua permissividade neste campo devia ser conhecida. Arrastam-na como um saco de batatas e a atiram aos seus pés. Então os homens se reúnem com ele, que era considerado especialmente misericordioso com as mulheres, e recordam que, segundo a lei de Moisés, a mulher devia ser condenada à morte por apedrejamento, o final atroz do discípulo Estevão, considerado o primeiro mártir do cristianismo. Jesus faz que não os ouve. Inclina-se no chão em que estava prostrada a adúltera e escreve no pó das lajotas do templo. Desafia os que julgam a mulher flagrada em pecado dizendo que atire a primeira pedra aquele que se considerar livre desse pecado. E ressalta com evidente prazer e ironia o evangelista João: "foram saindo um a um, a começar pelos mais velhos." (Jo 8, 9.) Então o profeta e a adúltera ficam a sós e, ao ver os acusadores se afastarem cabisbaixos sem se atreverem a atirar nenhuma pedra, ele lhe pergunta se alguém a condena. "Ninguém, senhor", responde ela. Jesus confirma que ele tampouco a condena. Seria ele favorável ao adultério? Claro que não. Era contrário à hipocrisia dos que pretendiam matar a jovem por um delito que, certamente, todos haviam cometido alguma vez. Pode-se dizer que, para Jesus, eram piores perante Deus e os homens a hipocrisia e a falta de misericórdia que o próprio pecado, neste caso um pecado de sexo e fraqueza. Muitos se perguntaram o que ele teria escrito – pois nunca escrevera nada antes e não voltaria a fazê-lo – ao riscar o pó com o dedo. Não se sabe, pois os evangelistas não o registraram. Isso me traz à memória a indignação do cineasta Pier Paolo Pasolini, autor de *O Evangelho segundo São Mateus*, que, em um congresso sobre literatura em que falei sobre "Jesus, escritor", disse-me irritado que os Apóstolos foram loucos por não terem transmitido as únicas palavras que Jesus escrevera em vida para salvar a vida de uma mulher adúltera. A adúltera prostrada no chão pode tê-las lido, se não tiver sido analfabeta.

Quanto às prostitutas, não há dúvida de que Jesus as considerava exploradas e as defendia, assim como aos outros desvalidos e humilhados. Isso explica que tenha escandalizado os fariseus e sacerdotes ao afirmar que elas teriam um lugar melhor que o deles junto a Deus. Para aqueles defensores da lei, juízes rígidos e implacáveis diante das debilidades e, principalmente, do sexo, aquilo soava como uma forte provocação. A este respeito Lucas narra uma cena lendária do fariseu que convida Jesus para cear. Uma prostituta da cidade descobre que o profeta que curava e perdoava os pecados estava ceando ali. Ela então pega um frasco de unguento e se apresenta na sala onde estavam comendo: "E se pôs atrás dele, junto aos pés, chorando. E começou a banhar-lhe os pés com as lágrimas e enxugá-los com os cabelos da cabeça; beijava-lhe os pés e os ungia com o perfume." (Lc 7, 38.) Ao vê-la, o fariseu que convidara Jesus disse a si mesmo que, se fosse um profeta, saberia quem o tocava. Como o fariseu a conhecia tão bem? Alguns se perguntam como a prostituta conseguiu entrar na casa e na sala onde comiam, mas decerto o fariseu escandalizado com a cena a conhecia pessoalmente e por isso ela conseguiu entrar.

Tudo se perdoa a quem muito ama

Depois de ter contado ao fariseu que o convidara para cear a parábola dos dois devedores, um dos quais devia ao amo quinhentos denários e o outro, cinquenta – e o credor cobra ambas as dívidas –, Jesus pergunta ao fariseu qual deles amaria mais o amo. Jesus lhe diz que àquela mulher "perdoados lhe são os muitos pecados, porque muito amou" (Lc 7, 47.) De tanto ouvir esta passagem do Evangelho, nos acostumamos com ela, sem refletir sobre a sua real importância. Para a Igreja, sempre foi difícil explicar a atitude tolerante e até a simpatia de Jesus pelas prostitutas. Ela tentou sublimá-lo, mas o episódio é de uma força brutal, já que é revolucionário que Jesus diga que tudo é perdoado a quem ama muito, ainda que quem ame seja uma prostituta. Depois de abandonar o catolicismo e depois da Reforma Protestante, Lutero costumava pregar dizendo: "Pecai bastante e tende fé." Para Lutero a fé nos salva dos pecados, mas para Jesus é diferente, pois para ele o amor, mesmo o de uma mulher que diariamente vende o próprio corpo, é capaz de libertar da culpa. O amor, mais do que a fé, liberta a consciência do homem. Outro exemplo é Santo Agostinho, que na juventude usufruíra amplamente do sexo e das mulheres e, já convertido e sendo bispo de Hipona, costumava dizer aos fiéis, talvez inspirado pela atitude de Jesus, que os cônjuges que não se amavam verdadeiramente não estavam casados, mesmo tendo recebido os sacramentos do matrimônio. Mas, quando um homem e uma mulher viviam juntos e se amavam de verdade, haviam recebido o sacramento do matrimônio mesmo que não estivessem casados.

Para entender melhor a pouca importância que Jesus dava ao sexo, devemos recordar que neste aspecto há uma grande diferença entre judeus e católicos. O judaísmo rabínico atribuía ao corpo a mesma importância que, mais tarde, o cristianismo atribuiria à alma. Assim, se para o judaísmo a alma vive no corpo e tudo passa por ele, que é a verdadeira realidade do homem, para o cristianismo o que faz a pessoa é a alma. O corpo é só uma vestimenta para a alma e, às vezes, uma vestimenta desconfortável que a aprisiona. Por isso, para os judeus o sexo era algo positivo e fonte de felicidade, ao passo que para os cristãos deve-se reprimir as ânsias sexuais que cortam as asas da alma para que esta voe em direção ao espírito. Daí as divergências fundamentais entre a teologia católica, baseada na negação do corpo e da sexualidade, e a filosofia judaica, para a qual o centro do homem está no corpo. Para um judeu como Jesus seria inconcebível a exaltação que, posteriormente, a Igreja faria da virgindade e do celibato sacerdotal obrigatório. Os Apóstolos eram casados e é quase certo que Jesus estivesse casado com Maria Madalena, pois era impensável um judeu solteiro e sem família. Também os primeiros papas e bispos da Igreja foram casados. Portanto, não é de estranhar que Jesus nunca tenha entrado na famosa casuística católica sobre o sexo, em que os confessores se intrometem até nos atos dos casais sob os lençóis. Para ele, como para qualquer judeu, a sexualidade era uma força preciosa do ser humano que, além de perpetuar a espécie, é motivo de felicidade e representa uma linguagem não verbal entre os seres humanos. Esta última característica da sexualidade humana, de diálogo interpessoal, chegou a ser vislumbrada no Concílio Vaticano, mas ficou só no papel; a Igreja fez o possível para ignorá-la e voltou a restringir a sexualidade à função específica da procriação. Todo o resto seria pecado.

Jesus nunca foi obcecado com o sexo do modo como a Igreja mais tarde seria e continua sendo. Esta obsessão foi manifestada pelo judeu Paulo de Tarso, que primeiro perseguiu cristãos e, depois, converteu-se ao cristianismo e passou a perseguir os judeus. Paulo foi o verdadeiro fundador da Igreja oficial sediada no estado do Vaticano, onde o papa, sucessor do pobre pescador e apóstolo Pedro, governa uma monarquia absolutista.

A única e verdadeira obsessão de Jesus era o amor. Ele sabia muito bem que o amor proporciona a verdadeira felicidade em qualquer manifestação e tonalidade, da sexual à mística. O seu Deus não amava a dor, o sangue, nem o sacrifício. Era o Deus do amor. Por isso Jesus acabaria resumindo em um só os dez mandamentos das tábuas da Lei esculpidas na pedra por Deus, que, segundo a tradição bíblica, foram entregues a Moisés: o mandamento do amor. É como se dissesse aos homens e mulheres do mundo: amai e fazei o que quiserdes. Claro que quem ama sinceramente é incapaz de fazer o mal pelo mal. E as fraquezas do amor? "Pergunte àquele profeta que salvou a adúltera e perdoou a prostituta", respondeu uma vez o papa João XXIII a um militante italiano da Ação Católica que lhe fez mais ou menos a mesma pergunta.

Quinta parte
do segredo

A manifestação de um novo poder

Num mundo dominado pela violência e pelos atropelos, muitos opinam que o maior escândalo de Jesus foi propor o amor aos inimigos, fazer o bem a quem nos fez o mal, perdoar a quem nos ofendeu. O perdão aos inimigos é loucura, assim como o seu "manifesto da felicidade", as chamadas bem-aventuranças. Como acreditar que felizes são os que choram e não os que fazem chorar? Os pobres, e não os ricos? Também é escandalosa a revolução que ele propõe no âmbito do poder, em que o maior deverá tornar-se pequeno e o primeiro servirá o último. Os teólogos e seguidores do cristianismo classificaram estes escândalos de Jesus como utopias, meros sonhos que os mortais seriam incapazes de realizar. Vistas deste modo, sem levar em conta que Jesus mirava além da atual raça humana, eles têm razão; seriam simples sonhos de um utopista inflexível e ignorante dos mecanismos das relações humanas, alicerçadas na competitividade e no olho por olho e dente por dente da velha justiça judaica. Contudo, para Jesus, que conhecia perfeitamente as fraquezas e contradições do coração e da mente humanas, nada era impossível. Ele deixa isso claro por meio da sua conduta pessoal. Não morreu perdoando e até desculpando os que o matavam injustamente porque não sabiam o que estavam fazendo? Mas será que realmente não sabiam? Jesus com certeza sabia que suas ideias eram sobre-humanas, não pertenciam a este mundo e estavam fora do alcance da grande maioria das pessoas, mas sabia também que, nesta terra violenta e dominada pelos violentos, sempre houve, há e haverá gente capaz de se libertar da alienação das estruturas dominantes e abrir caminhos escandalosos de paz, perdão e entrega incondicional aos outros, especialmente os mais pobres. E sonhava que, um dia, a humanidade seria capaz de dar um salto qualitativo e desvendar um mundo novo e sem violência em que as pessoas pensariam mais nos outros do que em si mesmas.

A REVOLUÇÃO DO CONCEITO DE VIOLÊNCIA

O profeta judeu que deixou a marca mais profunda na história da humanidade afirmou que o ser humano deve esquecer os mecanismos de violência que sustentaram o mundo desde o surgimento do Homo sapiens – quando os mais fortes subjugavam os mais fracos e se matavam entre si disputando os primeiros instrumentos de pedra criados pelos mais habilidosos – para dar lugar a um mundo que em princípio pode parecer irreal, uma vez que não será preciso dar a outra face a quem nos ferir, pois ninguém nos ofenderá, e onde será possível amar o inimigo devido ao paradoxo de que já não haverá inimigos, pois ninguém tentará nos fazer mal. Uma concepção do mundo disparatada segundo as nossas categorias, em que felizes não são os que acumulam e brilham, mas os que choram e sofrem, e em que ditosos não são os mais fortes e violentos, e sim os mais pacíficos e pacificadores. Um mundo absurdo em que o maior será o menor, e o menor será o preferido pelos deuses, que até agora sempre estiveram ao lado dos poderosos e dos ganhadores, e não dos desvalidos e perdedores.

No nosso mundo, no comportamento desta raça humana, a ideia de que a violência domina tudo está tão arraigada que se revela até na linguagem. Já perceberam que a linguística está impregnada do conceito de violência? A guerra, a competição e a defesa contra o inimigo marcaram a nossa linguagem, inclusive a mais cotidiana, a tal ponto que ela não está impregnada de paz, mas do ataque a algo ou alguém.

Daí que a linguagem militar seja empregada na medicina, como bem apontou José Augusto Messias, um grande humanista catedrático de medicina e membro da Academia de Medicina do Rio de Janeiro. Combate-se a doença; luta-se contra o câncer, os vírus e bactérias e se enriquece o armamentismo médico. Usamos também a linguagem militar para explicar alguns fenômenos biológicos; por exemplo, os glóbulos brancos seriam um exército que levamos no corpo para lutar contra os inimigos da saúde. Até ao falar do progresso e da criação de espaços de liberdade empregamos a linguagem da violência. As vanguardas abrem o horizonte da novidade, mas devemos recordar que este, assim como retaguarda, é um termo militar e, portanto, o primeiro passo para abrir espaço às novas vanguardas da paz e não da guerra seria mudar-lhes o nome. De igual modo, a Igreja, que afirma estar fundada e inspirada no pacífico Jesus, que permitiu que o matassem sem se defender por meio da violência, usa a mesma linguagem para explicar a santidade. Santos são os que combatem as paixões, lutam contra o pecado e vencem as tentações do demônio; a Igreja prega a guerra contra o mal para que vença o bem. Até aos anos 1960 havia a pena de morte no Vaticano. A Igreja matava os hereges e as mulheres consideradas endemoniadas. O direito canônico é uma sucessão de condenações e castigos repletos de violência contra quem tropeça e cai. Os exorcismos para expulsar demônios são um ato de violência. As práticas religiosas de mortificação, como o emprego disciplinar do autoflagelo e do cilício nas pernas e nos braços – algo absolutamente alheio aos Evangelhos –, são violentas, assim como as Cruzadas, as guerras santas ou a Santa Inquisição.

Contudo, até Jesus às vezes usa a linguagem comum da violência ao pregar, porque os humanos só temos esta linguagem, mas tudo o que ele ensina nos conduz à paz. Jesus era tudo, menos militarista. Todas as suas invocações criam espaços de paz, pois sonhava com a concórdia entre os homens e por isso rompeu com os esquemas comuns inspirados na lógica da guerra, dos combates e da lei do mais forte. Para ele, os verdadeiros poderosos eram os mais fracos, destituídos de poder e considerados imprestáveis pela sociedade. Para ele, os violentos, mesmo quando tentavam se passar por cordeiros, não passavam de lobos disfarçados de ovelhas.

Jesus queria um mundo menos violento aqui e agora

Alguém poderia objetar que a nossa tese de que Jesus sonhava com uma nova raça humana sem violência, que ele intuíra não ser impossível – apesar de desconhecermos quando isso se tornará realidade –, cai por terra quando ele chega ao extremo de pedir que respondamos ao mal com o bem e amemos inclusive o inimigo. Segundo este raciocínio, amar o inimigo se aplica à humanidade em que há inimigos. Num mundo hipotético sem violência não haverá inimigos que se possa amar. Portanto, poderíamos pensar que Jesus falava para o seu tempo, para esse mundo violento, e não para o amanhã de um Novo Reino, em que a guerra seria tão improvável quanto o egoísmo, e todos viveriam para fazer felizes uns aos outros.

O que dizer? É verdade que Jesus também falava para os que o cercavam, para as pessoas do seu tempo, um tempo carregado de violência. A elas ele começou a revelar que poderia haver um mundo diferente em que o amor seria o motor da história. Na opinião de muitos teólogos, Jesus pregava utopias impossíveis, só realizáveis por pessoas extraordinárias que às vezes surgem no mundo e que consideramos santas, os verdadeiros heróis da não violência. Sobre eles costumamos dizer que parecem mais do que humanos, porque viver como se a violência não existisse é como pertencer a uma raça humana diferente. Pode-se ver também que Jesus, ao pedir esses heroísmos do amor, ao fazer esses ensinamentos loucos, estaria dizendo que anuncia algo que pode ocorrer um dia, mesmo que pareça irrealizável no contexto da humanidade fundada na violência.

Jesus afirma que o seu Reino já está de algum modo presente neste mundo de violência porque sabia, começando por si mesmo, que é possível antecipar o paraíso futuro sem um Deus para condenar o homem ou expulsá-lo pelo simples fato – nobre e legítimo – de querer conhecer a verdade, pois o poder já não desejará prevalecer. É verdade que no mundo dominado pelos que se aferram ao poder e se negam a compartilhar há dom-quixotes e loucos que descartam a força proverbial da guerra e creem na utopia da paz, vivendo como se a violência não os atingisse e os homens não fossem violentos.

O conjunto da humanidade – não só algumas pessoas excepcionais – avançou numa direção que permite vislumbrar o que poderia ser o mundo sem essa força destrutiva, apesar de nascermos com o gene da violência. Por isso defendo, no meu livro *50 Motivos para Amar Nosso Tempo*, que a humanidade de hoje é melhor que a de ontem, e a de amanhã será melhor que a de hoje. A questão é que não concordo com o poeta espanhol Jorge Manrique, para quem os "tempos passados eram melhores", porque isso não é verdade. Atualmente há mais amor à paz que antigamente, quando guerrear era uma honra. Em 1968, os estudantes de Paris demonstraram ter entendido essa questão ao clamarem "faça o amor e não a guerra". Hoje há códigos de defesa dos direitos das minorias; a democracia de alguma forma controla o poder; as ruas começam a ter voz. Até os marginalizados de antigamente, como as crianças, as mulheres e aqueles considerados diferentes devido à cor da pele, ao gênero ou à fé que professam, contam com códigos que os defendem. Jesus sabia que tudo isso ainda não era o Reino por ele imaginado, no qual já não haveria retrocessos históricos nem tiranias surgidas de novas conquistas de paz, porque é um fato que o veneno da violência persiste até no progresso. Mas ele sabia que a humanidade é capaz de escutar as vozes da loucura do amor, que deve ser a coluna vertebral do novo homem do amanhã por ele imaginado.

O AMOR AOS INIMIGOS: RESPONDER AO MAL COM O BEM

Os Evangelhos de Mateus e Lucas relatam que Jesus acabara de lançar o grande manifesto da felicidade – que os tradutores dos Evangelhos denominaram bem-aventuranças – à multidão que o ouvia sentada aos seus pés, e fala da loucura do amor aos inimigos: "Mas eu vos digo, a vós que me escutais: Amai os inimigos, fazei bem aos que vos odeiam, falai bem dos que vos maldizem e orai por quem vos calunia. A quem te ferir numa face, oferece-lhe a outra; e a quem te tomar o manto não impeças de levar também a túnica. Dá a todo aquele que te pedir e não reclames de quem tirar o teu. O que quereis que os homens vos façam, fazei-lhes o mesmo a eles [...] fazei bem e emprestai sem esperança de remuneração, e grande será a recompensa. Assim sereis filhos do Altíssimo porque ele é bondoso para com ingratos e maus. [...] Não julgueis e não sereis julgados; não condeneis e não sereis condenados; absolvei e sereis absolvidos. Dai e vos será dado. Uma medida boa, apertada, sacudida, transbordante vos será colocada no regaço. Pois a medida com que medirdes será usada para medir-vos." (Lc 6, 27-38.) Este texto pode ser considerado o cúmulo do absurdo. De tanto ouvi-lo nas igrejas chegamos a considerá-lo natural, ainda que sem alma, quando na verdade ele vai de encontro à natureza humana e acabamos esquecendo a sua força revolucionária. A revolução que Jesus apresenta não é social, mas cósmica. Na nossa sociedade competitiva, violenta e individualista, quem cumprir ao pé da letra o que ele propõe será considerado um doido varrido. Analisemos o texto como se o lêssemos pela primeira vez. Ou façamos o exercício de lê-lo para alguém que desconheça os Evangelhos. Digamos a essa pessoa que um obscuro profeta palestino propôs o que acabamos de ler há mais de 2 mil anos e veremos a sua reação de espanto, riso ou incredulidade. Ele nos perguntará quem é o louco que teve semelhante visão das relações humanas.

De fato, não há nada mais absurdo do que pedir que perdoemos quem nos fez mal, o que não é pouco, e que o amemos. É bem claro: abramos o nosso coração até chegar a amá-lo; façamos o bem a quem nos odeia; bendigamos — uma palavra sagrada e grave — nada mais e nada menos do que aqueles que nos maldizem. Existe absurdo maior? A lista é longa. Jesus pede que cheguemos a orar — outra palavra sagrada — pelos que nos difamam. Existe alguém mais horrível que o difamador, que semeia a discórdia sobre a nossa conduta? Pois temos de rezar por quem destrói a nossa honra e a nossa fama. O que fazer com quem nos esbofeteia e nos ataca física ou moralmente sem motivo? Simplesmente oferecer a outra face, isto é, deixar que nos siga machucando no corpo e na alma. Isso não é escandaloso? Até a Igreja defende a guerra justa. Os tribunais de justiça abrandam a pena de quem mata em legítima defesa. Contudo, é muito pouco para o programa de não violência de Jesus. Segundo ele, devemos estar dispostos a nos deixar matar em vez de reagir à agressão. Onde já se viu atitude semelhante na história? Mas não termina aí, porque ele chega a exigir que não neguemos nada a quem nos pede. E tem mais, se alguém nos rouba o manto, em vez de nos defendermos tentando recuperá-lo, devemos dar também a túnica, duas roupas fundamentais naquela época e que simbolizam a propriedade privada. Portanto, a sua alienação não tem limite. E o que fazer se alguém não só pede, mas também rouba o que é nosso? Simplesmente deixar que nos roube. Tudo, menos empregar a violência.

Um mundo onde ninguém se defenderá das agressões do outro

Jesus termina a sua ladainha de loucuras afirmando que não devemos julgar, se não queremos eventualmente com o tempo sermos julgados também. Mas como ficar impassíveis diante de quem nos julga de modo injusto? Simplesmente não julgando ninguém e perdoando sempre porque, segundo o profeta judeu, só assim será completa a felicidade que se recebe em troca. É evidente que o programa de amor e perdão ao inimigo não é para os homens da nossa raça, uma vez que fazer o bem aos inimigos e até deixar que nos roubem ou nos matem sem nos defendermos é uma reação absurda para o ser humano. O que ocorreria se ninguém reagisse às ofensas injustas e às agressões sem motivo e se os homens respondessem bendizendo os que os maldizem e deixando que roubem impunemente os seus pertences? Por acaso os violentos e impiedosos não tirariam proveito da mansidão absoluta dos não violentos?

Neste caso, mais do que em nenhum outro, parece evidente que a proposta de Jesus, que escandalizou e atemorizou os poderosos da época e os levou a matá-lo na primeira oportunidade, não se dirigia a esta raça humana. O programa da não violência e o absurdo de bendizer quem nos maldiz só podem ser uma ficção alheia à realidade de uma vida em que, no melhor dos casos, é impossível sobreviver sem defender nossos direitos e sem levar ao tribunal, maldizendo se for necessário, os que pisoteiam e desprezam a nossa dignidade e os direitos sacrossantos dos outros. Sem dúvida, ao proclamar aquelas loucuras perante os pobres e os discípulos, o profeta de Nazaré não pensou nos que o ouviam, mas nas pessoas de um mundo futuro no qual não haveria a violência que gera injustiças e instintos mais baixos, como o ódio, a maldição, o roubo e a calúnia, e no qual ninguém precisaria se defender, já que ninguém faria mal aos outros. Todos nos esforçaríamos para tornar a vida melhor e mais feliz para todos, e perdoaríamos quem realmente nos ofendesse sem querer, por equívoco ou por fraqueza. O mundo sem violência como aquele sonhado por Jesus para a nova humanidade não comportaria o mal pelo mal, o ódio pelo ódio, a inveja pela inveja, a maldade pela maldade.

Este era o grande segredo e o grande paradoxo – na verdade, a grande loucura – daquele encantador das massas de desvalidos: esses, apesar de não captarem todo o peso do absurdo que Jesus propunha, tinham mais capacidade de entendimento que os ricos. No fundo, a mensagem de Jesus visava defender tudo o que o mundo da violência pessoal e coletiva despreza ou minimiza. Por isso, mesmo sem entender a fundo o que ele propunha, bendiziam os seios que o amamentaram, expressão popular na época para demonstrar admiração, respeito e amor, pois percebiam que ele os defendia das injustiças e insistia em que também os pobres e despossuídos carregam em si a violência primigênia oculta em cada ser humano, da qual só podemos nos livrar mediante o difícil exercício do perdão.

A REVOLUÇÃO DO PODER: OS ÚLTIMOS SERÃO OS PRIMEIROS

Ao final da parábola dos operários da vinha, Jesus pronuncia uma frase que é uma provocação, ao atribuir um pagamento igual aos que haviam trabalhado o dia inteiro e aos que haviam chegado ao final da jornada. Ele diz aos que se queixam de que isto é injusto, apesar de terem recebido o valor estipulado: "Não posso fazer de meus bens o que desejo? Ou me olhas com inveja por eu ser bom? Assim os últimos serão os primeiros e os primeiros, últimos." (Mt 20, 15-16.) Dez palavras ao final de uma parábola significam a revolução do poder: "Os últimos serão os primeiros e os primeiros, os últimos." Esta sentença, uma constante na mensagem, será repetida em outros contextos. Jesus é alérgico ao poder e à justiça fria, carente de amor e generosidade. Pergunta-se por que não pode romper com a lógica cotidiana e ser generoso com quem trabalhou menos, se foi justo com os outros. Do mesmo modo, repete para os Apóstolos que buscam obter um bom cargo no Novo Reino, que eles acreditavam ser temporal: quem desejar ser grande que seja vosso servidor, e quem desejar ser o primeiro que seja vosso escravo. A filosofia inovadora do profeta judeu não tem categorias de poder. Um exemplo claro disto acontece na noite da quinta-feira da Paixão, quando precisamente ele, o profeta aclamado pelas multidões, cuja lógica social o indicava como superior, toma uma vasilha de água e uma esponja para lavar os pés dos discípulos e Pedro se nega. Que lógica era aquela? Onde já se viu que o superior se incline ante o inferior? Um ato duro demais, que o nobre e rude pescador da Galileia não aceita.

Jesus nunca teve uma boa relação com o poder. Comentamos anteriormente que Jesus não era um diplomata. Ensinava que se devia dizer sim ou não; ser frio ou quente. Ele não gostava do morno, da ambiguidade e das meias palavras. Não se amedronta frente ao imperador Herodes, que lhe envia uma carta ordenando que ponha fim aos milagres, e contam os Evangelhos que Jesus lhe respondeu: "Ide e dizei a esta raposa que expulso demônios e faço curas hoje e amanhã e no terceiro dia termino." (Lc 13, 32.) Era uma afronta chamar Herodes de raposa, mas Jesus conhecia a podridão do imperador e sentia-se com liberdade para enfrentá-lo. Provavelmente Herodes nunca o perdoou e não é de estranhar que, mais tarde, estivesse envolvido na sua morte. Como vimos, assim era Jesus, íntegro. Não tinha medo e não provocava temor, muito menos nos fracos. No seu Novo Reino não haveria espaço para o poder que exclui, discrimina, esmaga e humilha, que faz o mal fingindo fazer o bem e se concede autoridade até sobre as consciências. Jesus sonhava com um mundo em que ninguém seria superior a ninguém e todos desfrutariam a mesma dignidade por serem filhos do mesmo Pai que acolhe a ovelha perdida, recebe de braços abertos o filho pródigo e redime quem se desvia. O seu poder era um poder que liberta, dá autoridade aos outros e os torna livres para não se deixarem esmagar nem subjugar pelos poderosos. Dizer que, no nosso mundo, os últimos serão os primeiros e os primeiros, os últimos pode parecer uma piada ou uma loucura linguística, porque a verdade é muito diferente. A realidade é que os primeiros são os que triunfam, os que sempre ocupam as poltronas das primeiras filas, sobem nos palcos, recebem os aplausos, os que se consideram donos e senhores dos demais. E os últimos são isso, os últimos. Até para a Igreja.

Lembro-me de uma cena muito significativa a este respeito. Aconteceu numa aldeia da Galícia, cujos habitantes eram pobres camponeses sem propriedades que arrendavam um pedaço de terra do rico dono de tudo, o qual ostentava o poder e lhes dava migalhas. Quando um deles não podia pagar o aluguel do pedaço de terra, talvez por ter bocas demais para alimentar ou alguém doente na família, vinha um caminhão e confiscava os quatro móveis que possuíam, inclusive as camas. Da janela, as mulheres, que sempre se vestiam de preto, expressavam em vão sua dor e sua raiva com gestos e ritos, enquanto o caminhão partia com os seus pertences. Na Igreja, o pároco celebrava aos domingos a missa, à qual todos assistiam, inclusive a família rica e poderosa, que dispunha de um lugar só para si diante do altar, separado por um balaústre de madeira. Ajoelhavam-se nos seus genuflexórios particulares acolchoados e o sacerdote lhes ministrava a comunhão antes dos outros. Os fiéis se ajoelhavam em seus reclinatórios em bancos simples de madeira e, por último, estavam os camponeses mais pobres, que acompanhavam a missa de pé ou ajoelhados em uma só perna, como quem quer fugir pela porta de trás. Eles eram verdadeiramente os últimos, e os primeiros eram os parentes do déspota, que nunca foram os últimos. Os últimos não foram os primeiros. Certamente aquele padre não lera os Evangelhos, porque se o tivesse feito poderia ter tido um gesto simbólico: tomar o cálice das hóstias consagradas, avançar até o fundo da igreja e repartir a comunhão primeiro entre os camponeses pobres, os últimos, que até se envergonhavam de estar junto aos ricos do povoado. Poderia ter dado a comunhão aos poderosos latifundiários por último. Mas ele nunca fez isso. Contaram-me que uma vez chegou um missionário de fora que havia trabalhado na África que agiu deste modo. Mas não tenho certeza de que isso tenha realmente ocorrido.

Jesus não sabia que era impossível, no nosso mundo de rivalidades, de lutas pelo poder, que os últimos fossem os primeiros e vice-versa? Ele estava consciente disso, porém quis provocar com a sua premissa impossível de um mundo diferente, sem distinções humilhantes. A Igreja terminou por trair e esquecer aquelas dez palavras e, apesar delas, criou hierarquias: o papa é superior aos bispos, apesar de ser apenas o bispo de Roma; os bispos são superiores aos sacerdotes, que por sua vez são superiores aos diáconos, que são superiores aos simples fiéis. Além disso, excluiu do poder hierárquico as mulheres, a metade da humanidade, apesar de ter sido a elas justamente que Jesus revelou a maior parte dos seus segredos mais importantes, e não aos Apóstolos.

O MANIFESTO DA FELICIDADE OU A LOUCURA DAS BEM-AVENTURANÇAS

O tema das bem-aventuranças, que prefiro denominar "manifesto da felicidade", consta dos Evangelhos canônicos de Mateus (5, 1-12), Lucas (6, 20-23) e do Evangelho gnóstico de Tomás (Parágrafo 54.) Além do tema do amor aos inimigos, é um dos pontos principais da pregação de Jesus e também foi perdendo o seu impacto inicial por ser recitado como se fosse algo natural, uma simples oração. Na verdade, é bem mais que isso. É uma espécie de proclamação revolucionária quase inimaginável, principalmente se pensarmos que foi pronunciada na época de Jesus, quando os pobres eram desprezados e até considerados merecedores de algum castigo de Deus. Era preciso muita coragem para afirmar naquele contexto, e mesmo hoje em dia, que os felizes da história, os "bem-aventurados", são os pobres, perseguidos, ultrajados e rejeitados, os famintos, os que sofrem de tristeza e padecem devido à injustiça, os que estendem a paz pelo mundo e os mansos e misericordiosos, em geral considerados fracos num mundo que privilegia os fortes. Jesus diz aos seus que a caravana de afligidos pela pobreza, a fome, a perseguição ou as injúrias, todos os que têm os olhos secos de tanto chorar, será privilegiada por Deus, o seu Pai. Chegará o dia em que eles vão rir, terão a fome saciada e serão benditos, em vez de serem ultrajados e perseguidos. Haverá utopia maior? É o oposto do que o mundo ama e apoia. A sociedade não premia os que mal conseguem comer as migalhas das mesas dos ricos, e sim os que possuem bens e não perdem o sono por causa de preocupações econômicas, os adorados e benditos pela sociedade cuja mesa é sempre farta, os admirados e invejados. A sociedade despreza as lágrimas do próximo e prefere suas gargalhadas e alegrias. O ser humano adora os que ostentam poder, os que acossam e desprezam os perseguidos. O mundo ama e adora os que triunfam, ainda que à custa de pisar no próximo, e despreza os que caminham cabisbaixos, carentes de poder e dinheiro.

Este incrível manifesto da felicidade do profeta galileu joga por terra todos os modelos mundanos e o seu ponto forte é a primeira frase: "Felizes os pobres, pois deles será o reino dos céus." Ela consta dos três Evangelhos citados. Uma pequena diferença no Evangelho de Mateus diminui a força do texto: "Felizes os pobres de espírito, pois deles é o reino dos céus." Por que Mateus acrescenta o complemento "de espírito", que não consta nos outros Evangelhos? A intenção é clara. Para ele, era muito forte dizer que os verdadeiramente pobres, os que padecem fome, devem se considerar felizes. Por isso ressalta que se trata dos pobres de espírito, isto é, aqueles que, apesar de ricos, têm o coração pobre de desejos. Contudo, os especialistas bíblicos modernos, começando por Crossan, afirmam que o acréscimo de Mateus não é original e opinam que o texto se refere aos verdadeiros pobres, aos que nada possuem e que, assim como Jesus, não têm onde dormir, e aos incapazes para o trabalho, como mendigos e indigentes. Isso fica claro com o fato, bem documentado por Crossan, de que os termos gregos para pobreza (os Evangelhos foram escritos em grego ou, ao menos, assim chegaram até nós) são *penía* e *ptōchós*. O primeiro significa o que precisa trabalhar para viver, em oposição aos nobres que não precisam trabalhar, ao passo que o segundo, usado nos textos originais e no Evangelho de Tomás, significa o pobre que não pode nem tem como trabalhar, o indigente absoluto. Crossan afirma no seu livro *O Jesus da História: A Vida de um Camponês do Mediterrâneo*: "As bem-aventuranças de Jesus declaram benditos não os pobres, mas os desvalidos, não a pobreza, mas a mendicidade [...] Jesus teria falado de um Reino não para os camponeses e artesãos, que ganhavam com seu trabalho, mas para os impuros, os degradados e os desprezados."

AS IGREJAS PREFEREM OS POBRES "DE ESPÍRITO"

O exposto até aqui nos remete novamente à radicalidade de Jesus, que as Igrejas cristãs sempre tiveram dificuldade de aceitar, preferindo o texto de Mateus (certamente adulterado) sobre os pobres de espírito, que suaviza as palavras de Jesus ao não se referir aos pobres de verdade – os últimos que de tudo precisam, inclusive da dignidade do trabalho –, mas aos que "espiritualizam" as riquezas, as bendizem e as santificam. Algo semelhante ocorre quando a Igreja explica o que Jesus quis dizer ao afirmar que é mais fácil um camelo passar pelo buraco de uma agulha que um rico entrar no céu. Ele não se referia à agulha de coser, mas a um arco pelo qual o camelo passava com certa dificuldade, abaixando-se um pouco. Uma porta aberta à salvação dos ricos. Já dissemos que ele não gostava de meias-tintas. Então, por pobres ele se refere aos miseráveis e, por ricos, àqueles cujas necessidades materiais estão satisfeitas. Ele estava do lado dos primeiros, quer as Igrejas gostem ou não.

A radicalidade de Jesus é tão absoluta que nos remete ao seu grande segredo: a um mundo em que todas as categorias serão transformadas e – livres do vírus da violência e do poder tirano – não haverá espaço para quem só é feliz abusando dos outros, ostentando riquezas e se alegrando com o sofrimento e a perseguição dos pacíficos e pacificadores. No novo mundo de Jesus tudo será diferente porque, num mundo dominado pelos poderosos, àqueles aos quais hoje só resta chorar, passar fome e sede, aceitar a perseguição e a humilhação ele anuncia uma mudança planetária livre de lágrimas, fome e dor infligidas injustamente na qual os mansos, e não os dominadores, possuirão a Terra. Será isto possível? Se lermos o texto unicamente pelo prisma espiritualista, como a Igreja faz há séculos, ele se reduz a uma bela imagem e a uma metáfora da consolação dos pobres e aflitos da Terra, com ênfase nos "pobres de espírito" de Mateus, um verdadeiro talismã que mina a sua força explosiva. Porém, queiramos ou não, com este manifesto da felicidade Jesus resgata o que o mundo da violência e da opulência despreza ou gostaria de esquecer. Ele coloca os pobres no grande palco do mundo para que todos os vejam e lança uma provocação ao afirmar que os humildes e marginais irrecuperáveis serão incrivelmente felizes ou, melhor ainda, deixarão de existir, pois já não haverá no mundo as raízes da injustiça que originavam os seus sofrimentos. Jesus não foi um simples sonhador e intuiu uma humanidade futura bem distinta da nossa, porém sabia perfeitamente que, enquanto este mundo não chegasse, os ricos e poderosos continuariam vivendo à custa dos pisoteados e esquecidos, e mais que aos desvalidos a eles Jesus se referiu ao proclamar o paradoxo de que os verdadeiramente felizes são os pobres e perseguidos. Esta afirmação é esclarecida quando, após proclamar as bem-aventuranças, ele lança o famoso discurso contra os ricos e os que hoje riem, esquecendo-se dos que choram.

E SE FOR VERDADE QUE OS POBRES SÃO MAIS FELIZES QUE OS RICOS E OS TIRANOS?

Enquanto lança a sua utopia de futuro, Jesus aborda uma das questões mais delicadas em termos psicológicos e responde se é verdade que, nesta humanidade dominada pela violência, os ricos e poderosos profundamente inescrupulosos são mais felizes que os pobres e necessitados; ou se os verdugos, difamadores, especuladores de todo tipo e os sádicos da vez são de fato mais felizes que os mansos e os que sabem conviver com o pouco que têm sem se desesperarem e sem abusar de ninguém, por serem detentores de um conhecimento mais profundo do significado da doçura, da solidariedade e da ajuda mútua, o qual, como pude constatar ao longo da vida e pelo mundo que percorri várias vezes, é infinitamente maior entre os pobres.

Tenho consciência do perigo que representa este raciocínio, que os poderosos empregaram para largar os desvalidos da Terra à própria sorte com a desculpa de que são felizes com pouco e não saberiam aproveitar a riqueza por falta de preparo cultural. Só quem nunca teve contato real com a miséria pode usar estes argumentos, porque a miséria degrada, humilha e escraviza. A miséria, e não os miseráveis que, não se sabe graças a qual milagre – era o segredo de Jesus –, conseguem se livrar da violência inerente à miséria e à fome com uma força misteriosa que os leva não só a suportar a indigência, mas a fazer dela um trampolim na busca da alegria pelas coisas mais simples. É a força da solidariedade, que os poderosos e exploradores são incapazes de saborear porque lhes falta a magia dos que nada têm. Eles são os primeiros para o profeta judeu que ousou proclamar haver mais felicidade oculta na pobreza que na riqueza, na mansidão que na violência, nas lágrimas que no riso vazio dos satisfeitos; eles choravam de emoção enquanto Jesus curava suas feridas, livrava-os de seus demônios, trazendo luz a seus olhos, e multiplicava os pães para saciar-lhes a fome.

Sexta parte
do segredo

O amor que tudo perdoa e o papel
da mulher na mensagem de Jesus

Se há uma constante na vida e nos ensinamentos de Jesus, era que ele possuía certa alergia a leis, preceitos e imposições do poder. Sentia-se livre como os pássaros e dizia que só se devia prestar contas a Deus, seu pai, e aos homens, seus irmãos, que sempre estavam acima da lei. Por isso coloca-se sempre do lado dos que haviam sido pilhados pela lei e pelo poder e taxados de transgressores, da adúltera ao publicano. Não é amigo dos poderosos. Para ele, a mulher era símbolo da injustiça e do abuso dos homens, que a usavam e depois e desprezavam e condenavam à morte se errasse. Jesus rompe com as normas sobre as mulheres e escandaliza até os Apóstolos. Trata-as como iguais e essa era a maior transgressão, pois a Lei as considerava diferentes e inferiores. Para Jesus, a liberdade do homem vale mais que as leis, por isso proclama que o sábado foi feito para o homem, e não o contrário, e permite que os seus infrinjam o sábado se for para fazer alguém feliz ou salvar quem se perdeu.

Jesus, o grande transgressor da Lei

Jesus não era legista nem burocrata. Demonstra desconforto diante das leis humanas, pois sabia muito bem que eram feitas para serem cumpridas principalmente pelos pobres e fracos, já que os poderosos sabem burlá-las. Em sua curta vida ele enfrenta os fariseus e os sacerdotes do Templo e prova que o perdão era mais importante que o castigo; que era pior a condenação da mulher adúltera pelos hipócritas que o próprio adultério; que a verdadeira prostituição não era a do corpo, mas o preconceito dos falsos inocentes contra as pecadoras. A liberdade do homem e a voz da sua consciência eram muito mais importantes para Jesus que o famoso preceito do sábado, que ainda hoje os judeus ortodoxos seguem ao pé da letra. Jesus deixa que os seus infrinjam o sábado, sagrado para os judeus, por um motivo humanitário como curar um doente ou tirar do poço um asno caído, que é a única riqueza do camponês pobre. Como já vimos, ele gosta de provocar, como na parábola do filho pródigo, em que o pai festeja mais o filho arrependido de ter abandonado a casa que o filho fiel que nunca se fora.

Jesus sabia muito bem que as leis – a começar pelos dez mandamentos, supostamente entregues por Deus a Moisés quando conduzia o seu povo da escravidão no Egito à Terra Prometida – eram necessárias numa sociedade governada pela violência, pela cobiça e pelos poderosos, para assegurar um mínimo de convivência pacífica entre os homens. Ninguém devia matar o próximo, roubar os seus bens ou a sua mulher, mentir em vão etc. No entanto, aquele profeta também era consciente de que as leis são necessárias precisamente porque a raça humana está alicerçada no assassinato primordial, é fruto de sangue inocente derramado e se rege por preceitos impostos com castigos e não pelo imperativo do amor. As leis não teriam razão de ser em outro contexto, em que ele já se encontrava, pois o simples Homo sapiens seria substituído pelo *Homo eticus*, que, livre das raízes da violência, não seria tentado a abusar dos outros e não teria o afã de acumulação e o ímpeto da rivalidade mimética de superar os demais, ainda que à custa de anulá-los ou humilhá-los. Como ele próprio ensinou, só haveria uma lei: a do amor, que pede que não façamos ao próximo o que não queremos que nos façam; amemos o próximo como amamos a nós mesmos e sejamos capazes de perdoar quem nos ofende por erro ou fraqueza. Mais uma vez podemos nos perguntar se é possível este outro mundo sem violência e leis opressoras. A verdade é que Jesus acreditava nele. Além disso, agia como se já vivesse nele, provocando a irritação e o ódio dos legistas e zeladores das leis.

É POSSÍVEL VIVER COMO SE NÃO HOUVESSE VIOLÊNCIA NO MUNDO?

O profeta inconformado e irritado com as leis – ele dizia que as autoridades exigiam que as leis fossem cumpridas pelos outros quando elas próprias as burlavam – pensava que até nesta humanidade dominada pelo interesse e pela violência era possível antecipar outro modo de vida regido pelo grande mandamento do amor ao próximo. Isso é difícil mas não impossível e, ainda que não seja viável no plano coletivo, pode sê-lo no plano pessoal. Exemplo disto foi ele próprio, que agia dominado pelo único mandamento de fazer o bem. As outras leis eram menos importantes, pois significavam um freio à liberdade pessoal. Então, aos fariseus que o recriminavam por curar no sábado e extirpar demônios no dia sagrado de descanso absoluto ele pergunta se é mais importante o frio cumprimento do sábado ou devolver a visão a um cego. Os judeus legistas responderiam que ele podia esperar um dia para fazer a cura, sem desrespeitar o sábado. Era um argumento que Jesus não entendia, pois para ele o importante era o bem-estar e a felicidade do homem. Por que atrasar em 24 horas um rompante de felicidade para ser fiel a uma lei abstrata? Se o seu Deus não era juiz, mas pai, evidentemente não se zangaria por Jesus devolver a saúde a um doente num sábado. Ao mesmo tempo, Jesus não era ingênuo e não passa pela sua mente pedir a revogação da lei do sábado, pedra fundamental da religião judaica. Porém ele se opõe ao rigor da lei dos doutores e fariseus que a desumanizam. Uma coisa era dedicar um dia ao descanso justo, à contemplação, ao ócio e à oração, outra era fazer da norma um fetiche. De fato, o repouso do sábado era muito rigoroso: neste dia não se podia acender o fogo, recolher lenha, cozinhar nem tirar do poço um animal que nele tivesse caído. Recordo-me de um amigo judeu que, aos sábados, me pedia para dar corda no seu relógio, já que ele não podia fazê-lo.

Jesus não pode ter sido essênio

Na época de Jesus, os defensores mais rigorosos do sábado eram a comunidade dos essênios, uma espécie de seita. Os doutores judeus da lei haviam elaborado os princípios sobre o que se podia ou não fazer neste dia. Chegou-se a especular que Jesus era essênio, mas a rigidez no respeito ao sábado entre os essênios é suficiente para indicar que o profeta judeu discordava fortemente daquele grupo de monges. Jesus era o oposto deles. Além disso, os essênios não aceitavam na sua comunidade os aleijados ou deformados, e Jesus viveu cercado deles e os defendeu perante a sociedade que os marginalizava por seus defeitos físicos ou morais. Ele era um acérrimo defensor do que se perdera, o pastor que deixava as 99 ovelhas no curral para sair em busca daquela desgarrada e disforme.

A famosa frase de Jesus, "o sábado é para o homem e não o homem para o sábado", é um compêndio de sabedoria e ética. Como disse o escritor italiano Terêncio: O homem é a medida de todas as coisas. Primeiro está o homem e suas necessidades, depois a lei. Quando os Apóstolos sentem fome no sábado, Jesus não hesita em deixá-los colher espigas do campo para saciá-la. Primeiro o homem, depois a norma. Ele inclusive afirma (Mc 2, 28) que o "filho do homem" é dono e senhor do sábado, e não o contrário. É importante lembrar que a expressão "filho do homem", que a Igreja quis usar para provar a sua divindade e a sua diferença dos outros homens, significa simplesmente "eu" ou "o homem" na língua aramaica de Jesus e seus contemporâneos, uma vez que o hebraico se perdera como língua cotidiana e só sobrevivia como língua erudita. Com esta expressão Jesus quer dar a entender que o homem – todos e cada um de nós – é dono e senhor do sábado, da Lei. Não é preciso ser Deus para estar acima do sábado. Por isso ele infringia o preceito para beneficiar alguém, especialmente quando havia outro ser humano envolvido.

A mulher como metáfora da liberdade

Na Palestina da época de Jesus, os judeus consideravam a mulher um ser inferior ao homem. O mesmo sucedia em várias culturas vizinhas, a começar pelos romanos. Segundo o mito da criação, desde que Javé criou a mulher de uma costela de Adão e ela enganou o homem fazendo-o comer da árvore do bem e do mal, causando a expulsão de ambos do Paraíso, a história sempre qualificou a mulher como de segunda categoria, submetida ao homem em tudo. Com efeito, a mulher não podia estudar, ler as escrituras da sinagoga em público, ser rabina ou sacerdotisa, testemunhar em juízo, deter-se na rua para falar com um homem mesmo que fosse o seu marido nem se divorciar – os homens sim, podiam fazê-lo –, e os homens não podiam tocá-la porque podia estar menstruando e, portanto, estar impura, e, como ocorre ainda hoje em alguns países islâmicos, a mulher era condenada à morte com a terrível pena da lapidação, caso cometesse adultério.

Jesus ignorou todas as proibições a que as mulheres estavam sujeitas e, nas suas relações com elas, criou uma grande revolução ao desprezar todos os tabus. Ele as tratava de igual para igual. Deixava-se tocar, mesmo que fossem prostitutas ou estivessem doentes com um fluxo de sangue, como a hemorroíssa, ou se detinha para falar com elas em público, como no caso da samaritana. Não permite que condenem à morte a mulher flagrada em adultério, e as mulheres o acompanham ao lado dos homens nas suas andanças apostólicas. Enquanto os outros profetas de Israel só curavam os homens doentes, Jesus fazia o mesmo com mulheres e homens. Não há uma só vez nos Evangelhos em que uma mulher lhe peça algo e ele não concorde. Ele chega a encarar a mulher como metáfora e emblema do Novo Reino de liberdade que andava pregando. Jesus defendeu a igualdade entre o homem e a mulher com gestos bem concretos, mais do que com palavras. Elas foram inclusive protagonistas das suas parábolas, como a mulher do dracma perdido ou a do dízimo do Templo. Não podemos esquecer que Jesus era adepto da filosofia gnóstica, que não distinguia entre masculino e feminino. Por isso, para ele, que adotara a imagem de Deus do profeta Isaías, para quem Deus é mais amoroso que a melhor mãe, não podia haver distinção na dignidade do feminino e do masculino, entre a mulher e o homem. Nos Evangelhos gnósticos as mulheres têm um protagonismo muito particular. Chegou até nós o Evangelho escrito por Madalena, com certeza a companheira sentimental de Jesus e mãe dos seus filhos, como hoje reconhecem os teólogos católicos mais abertos. A ela, apesar da zanga do Apóstolo Pedro, Jesus revela segredos que ocultava dos outros discípulos, talvez porque eles não os teriam compreendido, ao passo que ela, iniciada no gnosticismo, o entendia. Tampouco podemos esquecer a provocação de Jesus quando ressuscitou e, em vez de aparecer primeiro aos Apóstolos, como teria sido natural e esperado na cultura do seu tempo, aparece para uma mulher, Madalena, e lhe pede que avise a seus discípulos que ele ressuscitara e ela o vira – uma provocação porque as mulheres não tinham credibilidade como testemunhas. Na verdade eles não acreditam nela e vão pessoalmente até o sepulcro, para confirmar se estava vazio. Só aceitam o fato quando Jesus lhes aparece também.

A Igreja traiu a liberdade que Jesus concedera à mulher

Se Jesus agiu assim com a mulher sem distinguir entre a sua dignidade e a do homem, e a encarou como uma metáfora do seu Reino, o pilar da sua mensagem e do seu grande segredo, é de surpreender que a Igreja, que afirma se basear nos seus ensinamentos, discrimine a mulher e a impeça de exercer o sacerdócio depois de 2 mil anos. Trata-se da flagrante negação de uma das atitudes mais importantes e revolucionárias de Jesus. Na perspectiva de uma possível humanidade futura sem violência e guerras, sem abuso de poder e escravidão, é evidente que só podia tratar a mulher em igualdade de condições com o homem. Se o mundo que ele sonhava era de total liberdade e até a justiça seria substituída pelo amor gratuito e desinteressado, evidentemente não poderia haver diferenças entre ambos. Mulheres e homens teriam os mesmos direitos, privilégios e prerrogativas. Até o misógino Paulo de Tarso, contagiado pelos ensinamentos de Jesus que seguiam vivos nas primeiras comunidades cristãs, nas quais as mulheres tinham as mesmas funções hierárquicas que os homens e exerciam as funções de bispas e presbíteras, recorda que para Cristo mulher e homem são iguais diante de Deus. Nas catacumbas de Priscila, em Roma, há afrescos interditados ao grande público retratando mulheres com trajes de bispas. Priscila foi uma mulher romana convertida ao cristianismo que hospedou Pedro e Paulo, os quais celebraram a eucaristia em sigilo no subterrâneo da sua casa, que também servia de cemitério, e ela concelebrava com os Apóstolos.

À medida que o cristianismo foi criando a sua teologia, principalmente a teologia da cruz, o Jesus histórico defensor das mulheres paulatinamente deu lugar ao Jesus da fé divinizado, e as mulheres, protagonistas no nascimento do cristianismo, foram relegadas a uma categoria inferior e passaram a atender os sacerdotes e bispos numa hierarquia que Jesus nunca imaginara, pois, para ele, quem se considerasse superior devia se tornar o menor de todos. A sua rejeição ao poder era grande demais para criar uma Igreja, menos ainda com hierarquias.

Após mais de vinte séculos, a Igreja continua a discriminar a mulher e insiste no caráter hierárquico de uma instituição na qual ela não tem lugar e é apontada como instrumento do pecado e da tentação que ameaça a virtude dos homens. Por isso, é fácil imaginar como era vista a total liberdade de Jesus com as mulheres, inclusive com aquelas consideradas libertinas, como as prostitutas. Com suas palavras e gestos e uma coragem que a Igreja nunca teve, Jesus afirmou que Deus não distingue entre homem e mulher por serem ambos filhos do mesmo pai e terem a mesma liberdade e os mesmos direitos. Há quem defenda que um dos motivos para Jesus ser levado à cruz foi a patente violação e o desafio às leis que colocavam a mulher num patamar inferior e a submetiam ao homem em tudo. Aquilo era demais para uma cultura que só conhecera Deus com um rosto masculino.

O AMOR PELO QUE ESTAVA PERDIDO: A OVELHA DESGARRADA E O FILHO PRÓDIGO

O evangelista Lucas, cujo relato traz detalhes que indicam que pode ter sido médico, foi quem mais discorreu sobre a incrível capacidade de Jesus de sair em busca do que parecia perdido. Por isso foi chamado de profeta da misericórdia ou da compaixão. Ele sofria com as desgraças alheias. Doía-lhe a dor alheia. Jesus era tão sensível ao sofrimento dos desvalidos que chega a ponto de preferir o pecado e a humilhação do caído à Lei. Tinha uma imensa capacidade de se colocar no lugar de quem sofria. Tanto era assim que parecia não se interessar pelos que não passavam dificuldades e sua atenção se dirigia exclusivamente aos que enfrentavam adversidades. Esta forma de agir podia fazê-lo parecer injusto.

É o caso das duas famosas parábolas de Lucas, a da ovelha perdida e a do filho pródigo (Lc, 15.) Na primeira, Jesus toma do mundo rural a preciosa imagem literária do pastor que, tendo cem ovelhas no curral, ao perder uma delas – quando estão doentes elas se afastam para morrerem sós, como fazem os elefantes e outros animais –, deixa as outras 99 e parte em busca da desgarrada. Assim, Jesus aproveita para enviar aos seus a mensagem de que no Novo Reino haverá mais alegria pela recuperação daquilo que se tinha perdido. A alegria de recuperar o desgarrado é um traço de nobreza difícil de entender na nossa sociedade egoísta, em que prevalece o aspecto produtivo em detrimento do esquecido, dos restos, do que é visto como marginal.

As Igrejas aproveitaram a parábola da ovelha desgarrada para fazer uma leitura pietista ou mística, remetendo aos pecadores que Deus quer trazer para o seu rebanho. É verdade que nela Jesus menciona os pecadores, com certeza um acréscimo do evangelista. Na parábola, a alegria do pastor é atribuída exclusivamente ao fato de ter encontrado a ovelha perdida. Deve-se lê-la também à luz da visão de Jesus de um mundo sem violência, em que os homens se preocupariam com os outros tanto ou mais do que consigo próprios. Um lugar onde o que pareça perdido seja resgatado pela força do amor. Esta sociedade se alicerça nas categorias econômicas do valor, da mais-valia, dos dividendos e do lucro, e tudo isso teria de ser diferente no novo mundo sem violência. Haveria mais interesse em resgatar os marginais, se eles existissem, e garantir-lhes melhor qualidade de vida. Ninguém teria ciúmes nem inveja. As 99 ovelhas presas no curral não se sentiriam ofendidas nem desprezadas ante o amor e a alegria do pastor que parte em busca da desencaminhada. Elas próprias o acompanhariam, pois todos partilhariam da alegria alheia.

Estou ciente de que não é preciso que surja uma raça de seres inteligentes diferente da humana, mais ética, mais voltada para a solidariedade do que para a competitividade, pois já existem pessoas que põem em prática a essência da parábola de Lucas. Sempre houve pessoas generosas que abandonaram a segurança e a comodidade para ajudar os que estão desamparados por culpa da implacável lei do mais forte, e há quem dê a vida pelos miseráveis. Essa gente trabalha em países abandonados pelo mundo da riqueza e da opulência, como os países africanos ou as favelas dos países subdesenvolvidos. É verdade que elas existem, mas são exceções. Nós as admiramos, mas é difícil segui-las e elas parecem quase extraterrestres com seu modo de superar a norma egoísta do comodismo própria desta raça humana, cujos indivíduos, desde o princípio do mundo, para sobreviver, pensam em si mesmos antes de pensar nos outros.

Jesus sonhava com um mundo em que tudo seria muito diferente e a maioria das pessoas estaria mais interessada nos outros do que em si mesmas, mais no perdido do que no garantido. Como mostra a parábola da ovelha desgarrada, esta seria a melhor forma de alcançar uma felicidade profunda que os egoístas desconhecem: a de recuperar o que parecia perdido para sempre.

O filho pródigo

Depois da parábola da ovelha desgarrada, Lucas narra uma das mais fortes e simbólicas parábolas de Jesus – a do filho pródigo. Sobre ela foram escritos milhares de comentários melosos que a privam de sua força original. A parábola conta a história de um homem rico que tinha dois filhos e, um dia, o caçula pede ao pai a sua parte da herança e ruma para uma cidade distante, onde se diverte e dissipa a fortuna, como sublinha o texto. Em pouco tempo perde tudo e precisa voltar a trabalhar. Consegue um posto como cuidador de porcos, mas lhe pagam tão pouco que mal tem o suficiente para comer, e disputa as vagens do arvoredo com os animais. Desesperado, recorda que os empregados do seu pai viviam em melhor situação, pois não lhes faltava comida e não passavam fome, e decide apelar à bondade do pai e pedir-lhe perdão. Acredita que o pai poderia dar-lhe trabalho junto aos outros empregados da fazenda e toma o caminho de volta para casa. A esperança de que o pai o aceite como um trabalhador como outro qualquer demonstra que pensava que o pai deixara de enxergá-lo como filho por ter desperdiçado sua parte da herança. Ele simplesmente se ajustava às normas da sociedade – incapaz de contrariar a justiça –, e esta exigia que o pai fosse severo com ele. Esta é a lógica da raça humana. Mas o pai do filho pródigo – com certeza o espelho da alma de Jesus – era diferente. Superara os limites da justiça e passara para outra margem, a do amor que se dá sem medidas.

Conta o Evangelho que, de longe, ele viu o filho que regressava como um mendigo, triste e derrotado, humilhado e temeroso da sua reação. Graças à força do amor, ele o reconhece de imediato.

Qual teria sido a reação normal do pai e o que ele de fato fez? Segundo o costume, no mínimo o teria repreendido asperamente por sua conduta equivocada e o teria castigado antes de aceitá-lo em casa. Mas o que ele realmente fez? A sua reação supera a lógica humana, pois, em vez de recriminá-lo por seu comportamento, abre-lhe os braços, pede que lhe entreguem a melhor roupa da casa, põe um anel no seu dedo, símbolo de fidelidade, e manda matar o novilho mais bem alimentado para comemorar a volta do filho que parecia perdido. Porém o pai não contava com a reação do primogênito, que não entende por que festejavam o irmão que partira para se divertir, abandonara a família e dilapidara a propriedade comum. Não aceita que o pai expresse seu amor pelo irmão de um modo que jamais expressara por ele próprio. A sua reação apenas foi "humana", ao passo que a do pai não foi, pois ele dera um salto quântico. Por isso ele responde ao primogênito, zangado com a sua generosidade com o caçula: "Filho, tu estás sempre comigo e todos os meus bens são teus. Mas era preciso fazer festa e alegrar-se porque este teu irmão estava morto e voltou à vida, tinha-se perdido e foi encontrado." (Lc 15, 31-32.) A parábola não menciona a reação final do irmão mais velho. O mais provável é que tenha assistido à festa com desprazer e não tenha entendido o amor excessivo do pai pelo irmão. Não deve ter compreendido por que, em vez de castigá-lo, lhe dava uma festa e não exigia explicações sobre o que fizera com a herança. Na verdade, para o pai isso não importava. A alegria de recuperar o filho que considerava perdido era maior que a lógica e as especulações humanas sobre o que é ou não justo.

Na parábola dos viticultores, o pai de família paga o mesmo valor aos que trabalharam só duas horas e aos que trabalharam o dia inteiro. Diante do protesto dos segundos, explica que quis ser generoso com os que trabalharam menos e, já que aos outros dera o que lhes pertencia, não havia motivo para protestar. "Não posso fazer de meus bens o que desejo?", foi a resposta do dono do vinhedo – outra imagem da psicologia de Jesus, que, como comentamos, se afastava da fria lógica de Aristóteles de justiças e cálculos humanos em que a teologia católica depois se baseou e se alinhou à filosofia do paradoxo e da falta de lógica do amor e da abundância e não da avareza, com o olhar no horizonte de Deus e não na ponta estreita e mesquinha dos sapatos desta raça humana, incapaz de entender a sublime loucura do amor e do perdão.

UMA HISTÓRIA DE VIOLÊNCIA

É difícil imaginar como seria o mundo sonhado por Jesus, o objeto do seu grande segredo, livre da força da violência e das vítimas sacrificadas para exorcizá-la. É difícil porque nos custa distanciar-nos, ainda que em fantasia, do modelo histórico, alicerçado no poder violento de deuses e homens. Os antropólogos costumam afirmar que a violência é inata à condição humana porque desde a passagem do macaco ao Homo sapiens o chamado ser humano precisou ser violento para sobreviver. De modo que, para viver melhor, um povo que habitava terras pobres precisava conquistar terras mais férteis. O modo de consegui-las sempre foi por meio da guerra, antes com machados de pedra, hoje com armas sofisticadas. Também a competição, o desejo de melhorar e a ânsia de superação são parte da essência humana. Assim nasce o mimetismo, o mecanismo de imitação e superação do outro a qualquer preço. As coisas em geral são conquistadas pela força, muitas vezes bruta. A paz entre povos em conflito só ocorre quando um deles capitula e se dá por vencido, isto é, quando alguém se torna vítima e passa a carregar a culpa. Até a chamada guerra fria, durante a qual teria havido certa paz mundial ante a ameaça atômica, foi falsa por supor uma violência de fundo: se você me atacar, eu ataco você. É difícil conceber um mundo em que o poder, qualquer tipo de poder – pessoal, coletivo, político ou religioso –, não seja um fator de violência, ainda que seja considerado legítimo ou constitucional. O poder tende a dominar pessoas, instituições e povos. É raro que haja um poder dedicado à paz. Por si mesmo, o detentor do poder considera-se superior e quem se sente superior é propenso a subjugar os que são considerados inferiores.

Desta lógica não escapam os deuses e as religiões mais antigas. O poder religioso sempre esteve impregnado de violência, dos primeiros feiticeiros da história aos sacerdotes das religiões modernas. Nada mais violento que os deuses que mandam castigos e catástrofes e obrigam os homens a obedecer cegamente às suas ordens. Existe maior violência do que a chamada obediência cega? Pois era o que o fundador da Companhia de Jesus, o militar Ignacio de Loyola, por exemplo, pedia aos seus. Todas as religiões, até as mais primitivas, pregaram a obediência à divindade. Por isso os deuses sempre foram temidos, a começar pelo Deus monoteísta dos judeus, cristãos e muçulmanos, o Deus do Sinai que mandava exterminar povos inteiros e era caprichoso ao castigar e exigir que o homem lhe obedecesse sem maiores explicações.

Todas as divindades são violentas. Todas aceitaram os sacrifícios de humanos ou de animais, e até os sacrifícios coletivos, como expiação da desobediência. Não haverá religião sem vítimas. Sempre haverá quem se sacrifique pelos outros e a vítima costuma ser o mais fraco da comunidade, inclusive o mais inocente. Como qualquer imperador, rei ou chefe, os deuses sempre gostaram de sangue. Por isso sempre houve guerras de conquista. O poder gosta de exibir a sua força destrutiva, como, por exemplo, quando os americanos lançaram a primeira bomba atômica sobre Hiroshima, arrasaram a cidade e mataram a maior parte dos seus habitantes para demonstrar, ao Japão e ao mundo, que eles eram os mais fortes, os mais temíveis e, por isso, os mais invejados, pois o poder, e quanto mais destrutivo melhor, exerce um fascínio especial. Nos grupos de amigos, o brigão, o violento, costuma ser mais admirado e seguido do que o que convence pela força do amor e da persuasão. Isso é assim desde a Antiguidade, porque os guerreiros sempre foram temidos e admirados. A história do homem é a história das violências pessoais e coletivas. Se apagássemos as guerras dos livros de história restariam livros com as páginas em branco. Há guerras de todo tipo, inclusive guerras religiosas, de maneira que se legitimaram os termos "guerra santa" e "guerra justa".

A RAÇA HUMANA PRIMA PELO PODER E PELA COMPETIÇÃO

A nossa raça humana se baseia no poder e na violência; o resto tem pouca importância. Os que proclamam a superioridade da paz sobre a força costumam ser considerados utópicos, dom-quixotes ou loucos. Seria possível o progresso sem algum tipo de violência? Até as leis e as línguas se impõem com as armas. O latim se impôs na Europa com as guerras; o inglês, graças ao poderio econômico dos Estados Unidos. Das tábuas da lei esculpidas por Deus com os dez mandamentos e entregues a Moisés às modernas constituições, tudo supõe sociedades baseadas na violência e na dominação. O Deus de Moisés pede que ninguém tome a mulher do vizinho de tenda no deserto, não o engane com mentiras nem o mate, caso contrário a convivência social seria impossível. E tem mais, até os tabus – como o ancestral tabu do incesto – nascem como antídotos à violência primordial, que teve início com um assassinato. Daí os mitos sobre o irmão que mata o irmão por inveja ou para demonstrar que é superior e mais forte. Na religião judaica, essa evidência é exemplificada no mito de Caim e Abel.

No mito do Gênese, Deus demonstra o seu poder expulsando Adão e Eva, que acabara de criar, porque lhe desobedeceram e provaram o fruto proibido. A violência e o poder são inseparáveis das proibições, até as mais caprichosas, como esta do paraíso. Adão e Eva são castigados por desejarem conhecer o bem e o mal, a sabedoria. O desejo de saber ofende o poder. Nos tempos modernos, os ditadores castigam os que desejam se informar e os jornalistas. Os cárceres e gulags da antiga União Soviética estavam repletos de gente que queria conhecer e contar os crimes, aberrações e desrespeitos dos poderes tiranos. Não há poderes nem poderosos inocentes. Não há obediência imposta que não carregue uma violência escondida. A única obediência não violenta é a da própria consciência, o resto é imposição de poder.

Agora tentem imaginar um mundo que transforme os modelos de violência e de poder em sua origem. Isso foi precisamente o que sonhou aquele profeta judeu que acabou mal, pois não se ataca impunemente a força do poder, e ele desafiou os dois grandes poderes da sua época: o imperador e o Templo. Ele chamava de sepulcros esbranquiçados os que impunham leis, preceitos e proibições aos fracos que eles próprios eram incapazes de cumprir. Imaginem um mundo em que já não sejam necessárias vítimas porque, à falta da violência instituída, não é preciso sacrificar a própria vida pela comunidade. Exemplos modernos de como os poderes requerem uma vítima no momento certo para permanecerem e aplacarem o medo dos súditos são os atentados às Torres Gêmeas de Nova York. Os americanos sucumbiram à síndrome do pânico coletivo.

O presidente George W. Bush percebeu que seus súditos estavam aterrorizados. O que fazer para exorcizar o medo? O que os dominadores da Terra haviam feito ao longo dos séculos: buscar uma vítima e imolá-la no altar da reconciliação. Não importa que ela fosse inocente ou não, era preciso descarregar o medo e a culpa coletiva em alguém para recuperar a tranquilidade. Bush escolheu Saddam Hussein, o presidente do Iraque, e o seu povo, que não tinha culpa pelo terrorismo. Saddam foi enforcado diante das câmeras de televisão americanas e o Iraque foi levado a uma guerra fratricida que dura até hoje e que Barack Obama, cujo conceito do poder é menos despótico, tenta em vão terminar. Com o sacrifício do bode expiatório Saddam, Bush diminuiu o medo dos americanos, e estes voltaram a respirar. É evidente que o sacrifício não deu cabo do terrorismo e do medo, mas foi um paliativo, como sucedeu com outros sacrifícios de vítimas ao longo da história. Por um momento, parece que a tranquilidade volta a reinar.

Daí a importância da morte e crucificação do profeta jùdeu Jesus de Nazaré, a primeira vítima expiatória a se rebelar, segundo os antropólogos. A vítima geralmente não costuma se rebelar, já que na maior parte das vezes não pode fazê-lo. Ela tende a se sentir culpada e às vezes até aceita, feliz, a possibilidade de servir à causa comum. Jesus não quis ser uma vítima necessária e, como explicamos, afirmou a sua inocência até o fim. Nem se submeteu ao papel de vítima religiosa. Ainda assim, é verdade que, como contam os Evangelhos, com a sua morte, Herodes e Pilatos, que estavam brigados, acabaram ficando amigos. "É preciso que um morra por todos", disse Caifás, a autoridade religiosa judaica. É sempre assim, o poder justifica a violência da vitimização para que os demais continuem vivos. O sangue redime, e até hoje a Igreja considera benéfico, para a redenção dos pecadores, o sangue de Jesus derramado na cruz.

Um mundo sem necessidade de mártires

A partir de Jesus, contudo, fazer vítimas para expiar os problemas deixou de ser algo eficaz. Ainda há sacrifícios nos altares do mundo, mas já não são aceitos tão sem protestos como antes. Basta ver a oposição à guerra do Iraque e, antes dela, à guerra do Vietnã, outro país vítima da história moderna. Então, é possível imaginar como seria o mundo sem a necessidade de vítimas, em razão de uma paz fictícia, sem recorrer à violência? Já explicamos anteriormente que esta raça humana, e, portanto, a sociedade em que vivemos, nunca porá um fim definitivo à violência, que está impregnada nos seus cromossomos. Nascemos e morremos competindo com outras pessoas. A criança bate no amiguinho que quer tomar o seu brinquedo ou bate para tomar-lhe o brinquedo das mãos. Subimos na vida pisando no próximo para ir mais longe que ele. Isso é verdade, mas também é verdade que nesta sociedade, moldada pela violência original, alguns iluminados concebem algo semelhante a uma comunidade fundada na paz, ainda que até os maiores pacificadores tenham tido dificuldades ao tropeçar na violência que se aninha em seus próprios corações.

Isso não é impossível, ainda que seja difícil; apesar de muitas vezes sermos incapazes de percebê-lo, por se tratar de um processo muito lento, sempre há tentativas para exorcizar a violência e as guerras para dar lugar a períodos de maior paz social. Pessoalmente, acredito que o maior passo dado nos últimos tempos para boa parte da humanidade foi a mudança de percepção em que a guerra deixa de ser motivo de orgulho para quem a faz e leva muitas vezes ao suicídio de muitos soldados, que não entendem por que deveriam ir a um país distante matar quem nada lhes fez. Hoje, é difícil encontrar uma família que se orgulhe e se sinta feliz de ver o filho ir para uma guerra. Atualmente há uma maior compreensão do valor da paz como fator de felicidade, um sentimento que não havia no passado. Apesar das guerras e da morte de centenas de milhares de vítimas inocentes, a visão da guerra e da paz deu um salto quântico, principalmente no Ocidente. Temos os exemplos de Gandhi e Luther King: dois iluminados históricos ante o absurdo da violência e da única arma para detê-la, que é a não violência. É difícil medir os frutos de utopias como as de Gandhi e Luther King, mas antes deles teria sido inconcebível pensar que um homem negro, como Barack Obama, estivesse à frente do governo do país mais armado e forte do mundo.

Para muitos, a transição política pacífica que segue em curso na África do Sul pode ter passado despercebida, apesar da novidade radical que representou o fim do cruel regime do apartheid, instituído em 1948 para impor a submissão dos negros aos brancos. O pouco ou muito que se avançou – segundo a medida de cada um – não deixa de ser significativo no panorama de uma política revanchista, violenta por excelência, e da absoluta prepotência dos brancos poderosos frente ao alvorecer de uma democracia que respeita um mínimo de direitos humanos. O que nos interessa neste caso, com relação à tese deste livro, é que a tentativa de transição do apartheid a um regime democrático e de integração, apesar de difícil e inconclusa, e por mais imperfeita que pareça, foi obra de dois iluminados ou dom-quixotes que lutaram e sofreram perseguições e violência por suas defesas da não violência: os negros Nelson Mandela e o bispo da Igreja anglicana Desmond Tutu. A missão parecia impossível. Como convencer as vítimas do apartheid a levar adiante a ação heroica de perdoar os seus verdugos? Como chegar a uma possível reconciliação e passar do inferno da violência e da cruel desigualdade social entre negros e brancos sem negar a realidade passada? Porque, como sempre afirmaram os defensores do acordo, negar o passado seria abrir a porta para que ele se repetisse.

O GRANDE ENIGMA: O PERDÃO A QUALQUER PREÇO

Um dos elementos mais misteriosos do grande segredo de Jesus incide precisamente neste ponto: o perdão aos inimigos. Não havia atalhos. O homem negro, a vítima, após ser ressarcido, na medida do possível, pelos sofrimentos passados, teria de experimentar a loucura do perdão aos que o fizeram viver o inferno da violência gratuita. Como, então, anular a correlação, própria da essência humana, do olho por olho e dente por dente, isto é, devolver o mal com o mal a quem nos prejudicou? É um problema em todas as anistias da história, inconcebíveis num quadro simplesmente humano, sem o passo mortal a uma dimensão religiosa ou espiritual que leve ao perdão do inimigo em prol do bem comum. Isto é, o perdão como elemento de libertação individual e ruptura com a violência social.

Neste contexto foi introduzido o conceito africano *ubuntu*, que significa busca da paz, forjado para a reconciliação pan-africana. O princípio do *ubuntu* supõe o reconhecimento de uma alma africana inclinada ao perdão e à vida em comum, criticada por muitos como fundamento para a retórica da anistia e da revisão do conceito de direitos humanos, mas que abre caminho no mundo como uma nova utopia de paz. Hoje, *ubuntu* é entendido como a aceitação amorosa do outro que abre novos caminhos para a solidariedade humana e uma forma diferente de ver o mundo. É como uma lente que nos ajuda a enxergar as pessoas e as coisas como parte de um todo e a nós mesmos como agentes permanentes do mundo. O conceito de *ubuntu* foi incluído na nova Constituição da África do Sul de 1997 com a abolição do cruel regime do apartheid e nos recorda que os outros definem como é nosso rosto e como somos – daí a importância do próximo. Hoje, muitos artistas famosos e até filósofos, políticos e sociólogos consideram o *ubuntu* um antídoto não só contra a solidão, mas contra a essência da violência, uma vez que tende a ver o outro como amigo e não inimigo, como ocorreu desde o princípio do mundo, desde Caim e Abel.

Ainda que o conceito de *ubuntu* parta do cerne da alma africana, inclinada ao encontro com o outro – o que também se observa em países de forte presença africana, como Brasil e Cuba –, ele sempre esteve presente nos corações de pais e mães com relação aos seus filhos. É nesta relação que mais se quebram os modelos de comportamento violento para superar o outro. É difícil encontrar um pai ou uma mãe que busque competir ferozmente com seus filhos. O caso típico é o da satisfação e do orgulho dos pais que em tudo são ultrapassados pelos filhos: mais bonitos, com mais anos de estudos e desfrutando de melhor qualidade de vida que a deles. Nenhum pai em sã consciência deseja para os filhos um futuro pior que o seu. Então, se este comportamento paterno com relação aos filhos se tornasse um modelo universal em que todos se sentissem felizes e realizados ao verem o próximo crescer, o grande segredo de Jesus se tornaria realidade, pois seríamos capazes de amar o próximo mais que a nós mesmos. É a melhor prova de como seria o mundo que ele intuiu, não mais movido pela violência nem pela inveja e sim pelo amor, solidário como um bumerangue, que nos devolve em dobro a felicidade contemplada no rosto do outro. Um mundo em que, por diversos motivos, os outros contem mais do que nós mesmos, já que sem o outro mergulharíamos numa horrível solidão; um mundo em que não haveria espaço para a violência, o ódio, a inveja e a vingança. Um paraíso impossível? Talvez. Porém Jesus e outros ao longo da violenta história da humanidade deram a vida para que fosse possível.

ADEUS ÀS RELIGIÕES E AOS TEMPLOS. DEUS VIVE NA CONSCIÊNCIA DOS HOMENS

Hoje há certa unanimidade entre os teólogos católicos e protestantes modernos de que Jesus imaginou um mundo futuro sem religiões, templos e catedrais. É verdade que ele era religioso, um judeu praticante que frequentava a sinagoga e o Templo, lia em público e interpretava as Escrituras, ainda que com um amplo sentido crítico quanto aos aspectos formais, rituais e legistas do judaísmo. No seu horizonte, no coração do seu segredo de um possível mundo futuro sem violências, abusos de poder e sem medo nem mesmo da morte, as religiões ritualizadas já não teriam espaço. Deus – pai e mãe ao mesmo tempo, homem e mulher – seria cultuado no âmago da consciência. Por isso, como anunciara à samaritana dos cinco maridos, não fariam falta templos e catedrais, pois adoraríamos "em espírito e em verdade" no altar mais profundo do nosso ser ou no grande templo da natureza, espelho do melhor da divindade.

Em sua obra *Teologia del Pluralismo Religioso* [Teologia do pluralismo religioso] citada anteriormente, José María Vigil afirma: "Na teologia, não falta a opinião recorrente de que a mensagem de Jesus poderia significar a superação da religião", já que, segundo ele, Jesus "tinha más relações com a religião estabelecida. Ele enfrenta as instituições, regras, proibições, ritos e demais mediações e expressa claramente que deseja libertar o ser humano deste tipo de relação com Deus". Como assevera Vigil, deveríamos indagar se o que Jesus estava apresentando – que, para mim, era o seu grande segredo – se encaixaria em alguma religião. A resposta é não, e por isso ele não se limitou a purificar a sua religião, a judaica, e sequer fundou outra. Já comentamos que, tal como existe hoje, o cristianismo da fé foi obra de Paulo. De fato, a ideia de Jesus era libertar os homens de todas as religiões, antigas e modernas, pois sabia muito bem que todas, a começar pela sua, se alicerçavam na violência e na imagem de um Deus sedento de sacrifícios. Este conceito foi vigorosamente apresentado pelo teólogo protestante Dietrich Bonhoeffer, segundo o qual Jesus não conclamou a uma nova religião, mas à vida. Em suas cartas, o Apóstolo João enfocou a essência de Deus na vida e no amor, e não nas religiões e seus mandamentos. Então, Jesus não veio trazer uma nova religião, mas nos dizer que o novo homem que um dia poderá surgir na Terra não precisará de religiões, já que o próprio Deus nos libertou delas e de suas correntes. Um mundo sem religiões, que serão superadas por serem inúteis, não significa um mundo sem mistérios, sem perguntas sobre estes mistérios, sem o temor provocado pela surpresa e sem certa mística do corpo e da alma que nos permite ligar com o sagrado da vida, do amor e da natureza, mas sem sermos esmagados pela força da sua violência. Um mundo sem medo dos deuses é um mundo sem religiões nem mediadores entre o material e o espiritual. Cada ser humano poderá se conectar diretamente com o que há de divino na Terra e com a esperança da existência de vidas melhores.

Comentamos que Jesus não era ingênuo. Era um sonhador e idealista no melhor sentido da palavra, mas conhecia melhor do que muitos o bem e o mal que habitam o coração desta raça humana, que dificilmente se libertará das muletas da religião baseada em medos ancestrais, ainda que eles hoje recebam outros nomes: já não se trata do medo de raios e vendavais, mas do terrorismo e da violência irracional. Ao chegar o entardecer da vida, até o homem ateu ou agnóstico se inquieta ante o além-mundo desconhecido. Então, qual a razão da provocação de Jesus ao apresentar um mundo liberto de religiões em que todos possam falar diretamente com o seu Deus a partir do coração, sem precisar que lhe desenhem o rosto nem que lhe digam se é severo ou bondoso, já que ao final cada um construirá Deus segundo a sua própria alma? Não é preciso indagar que imagem de Deus tinha o pai na parábola do filho pródigo, que não só perdoa o filho que se fora de casa e esbanjara os seus bens, como lhe faz mais festas que ao filho fiel que permanecera em casa. Nem seria necessário perguntar a Hitler e a outros tiranos como seria o Deus que habitava os seus corações. Só para fantasiar, imaginemos como seria o Deus do supervisor de um campo de concentração que deixava as crianças morrerem de sede porque a água era escassa, mas que regava abundantemente as flores do jardim da sua casa. Cada um acolhe na sua consciência o Deus que forja ao longo da vida com suas ações, tropeços, bondades e maldades. Se cada um de nós é seu próprio deus, evidentemente não precisamos de mediadores de divindades que nos expliquem como ele é e se é juiz ou pai.

Num mundo hipotético sem violência e abusos, é fácil adivinhar como seria o Deus dos homens: não um Deus sedento de sangue e sacrifícios que permite que os pobres e deserdados sofram sem piedade, enquanto permite o triunfo de tiranos e usurpadores da felicidade alheia. Mais uma vez fica claro que a religião sem religiões, o deus sem deus e as igrejas sem templos sonhados e propostos por Jesus não serviam para esta raça humana, que necessita e continuará necessitando de deuses e catedrais para justificar suas injustiças e seu desrespeito. Sempre é fácil atribuir a Deus responsabilidades que são nossas e só nossas. Um mundo como o que Jesus imaginou em seu grande segredo seria o mundo da liberdade total, da absoluta criatividade religiosa e leiga, das loucuras do amor e do perdão sem limites. Homens e mulheres se olhariam sem inveja nem cobiça e procurariam comunicar um ao outro o sopro do seu deus, que não seria um deus religioso vindo do além, mas um deus pessoal, formado com o melhor dos nossos corações ofertados no altar – este sim, sagrado – do nosso desejo de fazer os outros tanto ou mais felizes que nós mesmos. Deus seria só a beleza das cores do arco-íris da vida e da morte.

UMA PERGUNTA FINAL: MARIA MADALENA COMPREENDEU JESUS? FOI A PRIMEIRA APÓSTOLA?

A Igreja e os teólogos cristãos distinguem entre o Jesus histórico – sobre o qual pouco sabemos – e o Jesus da fé ou da teologia, isto é, aquele criado a partir da sua doutrina, logo após a sua morte. Este trabalho foi desenvolvido pelo judeu Paulo de Tarso, convertido à fé cristã e autodenominado Apóstolo, apesar de não ter conhecido Jesus pessoalmente. Para a Igreja, mais importante que o Jesus histórico é o Cristo da fé feito Deus. Para os pesquisadores históricos, pelo contrário, o mais valioso é o Jesus histórico, a sua pessoa antes das manipulações teológicas. O Novo Testamento é uma mistura de história e teologia. Os evangelistas apresentam o Jesus histórico ao relatar episódios e frases reais do profeta judeu mesclados à catequese primitiva. É um Jesus moldado para uso das diversas comunidades para as quais os evangelistas pregavam. Elas condicionaram fortemente os Evangelhos, segundo fossem judias ou pagãs. Um exemplo são os relatos dos quatro evangelistas sobre a paixão e morte de Jesus, que apresentam diferenças grandes, e incompreensíveis a respeito de um fato tão importante. É verdade que sabemos muito pouco sobre o Jesus histórico: apenas que existiu e pregou uma mensagem que encantou os humildes e desvalidos e irritou os sábios e poderosos da política e da religião, que ao final se uniram para matá-lo. Porém o pouco que chegou até nós, como pepitas de ouro misturadas com a areia de milhares de acréscimos e até manipulações, desperta a curiosidade dos especialistas bíblicos e dos leigos, aos quais, logicamente, interessa sobretudo o Jesus histórico.

Como nas antigas filosofias orientais, este livro girou numa espiral ao redor de um só tema, com inevitáveis repetições propositais para que o leitor não se esquecesse, nem por um instante, da essência do grande segredo de Jesus, que, apoiado no Salmo 78, revelaria "tudo o que estava oculto desde o começo do mundo". Segundo o antropólogo Girard, tratava-se do assassinato primordial que deu origem à nossa história, fundada na violência desde os mitos como o de Caim e Abel, as vítimas sacrificadas e a competição, e não na paz e na solidariedade entre os homens. A minha pergunta final é se os Apóstolos terminaram por compreender o segredo revelado ou se só a gnóstica Madalena o entendeu, uma vez que até Pedro reconheceu, com pena e inveja, como comentamos na introdução, que a ela Jesus revelava "segredos que lhes ocultava", como lemos nos Evangelhos gnósticos.

Certamente os Apóstolos foram os que melhor puderam conhecer o verdadeiro Jesus histórico antes que fosse mitificado por parte da Igreja. Eles o acompanharam dia após dia e hora após hora ao longo dos três anos de vida pública do profeta. Testemunharam os seus atos, ensinamentos, gestos e o seu comportamento como homem. Dos Evangelhos se deduz claramente que, para os Apóstolos, não foi fácil compreender as "insensatezes" pacifistas de Jesus. Por exemplo, se em um lugar não o escutavam, eles queriam agredir os descrentes e, quando os soldados foram prender Jesus no Horto das Oliveiras, desembainharam as espadas e o profeta precisou refrear os seus ímpetos guerreiros. Quando começou a falar sobre o Novo Reino, eles o entenderam como algo político que livraria a Palestina dos dominadores romanos e se apressaram a pedir um bom cargo no Novo Reino. Jesus precisou acalmá-los novamente, enquanto os recriminava por não entendê-lo. Ele os provoca e afirma que no mundo por ele imaginado não só não haverá cargos privilegiados como também os primeiros servirão os últimos, já que as categorias do poder seriam radicalmente transformadas a serviço dos demais. Também é evidente que no dia da crucificação os Apóstolos enxergaram no Mestre um fracassado e o abandonaram à sua sorte. Mortos de medo, todos desaparecem de cena. Pedro, que descobrem ser um deles, pois falava o dialeto aramaico de Jesus, de Nazaré, nega veementemente conhecê-lo. Só quem demonstrou valentia foram Madalena e um grupo de mulheres que sempre o haviam seguido e não se resignaram a deixá-lo só na difícil hora do calvário. Foram ver o que fora feito dele. Jesus as recompensa e aparece para elas antes de aparecer para os covardes Apóstolos. Contudo, algo ocorre logo após a morte de Jesus que, de repente, faz os Apóstolos medrosos se encherem outra vez de força e coragem e disseminarem a essência da doutrina de Jesus, que não era uma nova religião, mas uma nova forma de viver as relações entre os homens e a divindade. Historicamente, é verdade que os Apóstolos – à exceção de Judas, que se suicidou no dia da crucificação de Jesus – morreram assassinados por defenderem aquelas ideias que, após a morte do Mestre, compreenderam melhor. Nenhum deles morre na cama. Nenhum morre matando. Naquele momento, a doutrina da não violência e da inutilidade de se tornar vítima para expiar algo se havia impregnado profundamente em todos eles. O que ocorre é que o poder daquele tempo os foi matando, como fizera com Jesus. A Igreja os chama de mártires. Na verdade, foram testemunhas da revelação do segredo de Jesus e, como sucedera com ele, o poder constituído tampouco acreditou ou aceitou o que pregavam e os perseguiu e assassinou.

Seria preciso saber mais sobre a vida concreta e não sobre a vida mitificada de cada um dos Apóstolos para entender como a mensagem de Jesus se apossou deles. Pelo pouco que sabemos, está claro que Pedro e os demais Apóstolos que trabalhavam em Jerusalém não concordaram com a elaboração de Paulo de Tarso sobre a vida e a morte de Jesus. Eles ficaram desgostosos quando ele se atribuiu a prerrogativa do apostolado só porque, segundo ele, Jesus lhe aparecera e o ungira como tal. Para Pedro e os demais Apóstolos, só eles haviam convivido ombro a ombro com o Mestre e por isso deviam ser considerados os verdadeiros discípulos. A discussão chegou a tal ponto que, nos escritos do Novo Testamento, podemos ler vestígios da briga entre Pedro e Paulo no primeiro Concílio de Jerusalém, em que chegaram às vias de fato. Também nos chegou o testemunho do que fizeram Paulo padecer antes de aceitarem a sua visita a Jerusalém, onde inclusive foi humilhado durante a breve estadia, ainda que, para conseguir a sua benevolência, ele tivesse reunido uma boa soma em dinheiro para ajudar a comunidade de Jerusalém. No entanto, Madalena e as outras mulheres que acompanharam Jesus, que foram as verdadeiras protagonistas do nascimento do primeiro cristianismo, devem ter entendido o seu segredo. Nas casas destas mulheres foram celebradas as primeiras eucaristias, que recordavam a cena pascoal. Elas foram a parte mais destacada do espírito do Jesus histórico e compreenderam melhor do que ninguém que Jesus havia desejado um mundo novo para as relações humanas. Por isso, pobres, ricos, homens e mulheres faziam tudo em conjunto, sentados à mesma mesa, sem distinções. Elas entenderam as novas relações que Jesus instaurara entre Deus e a consciência individual. De fato, foi a uma mulher – a do poço de Samaria – que o profeta revelou que, no futuro, no mundo por ele sonhado ninguém precisaria de templos para adorar a Deus, porque isso seria feito no segredo da própria consciência.

A grande traição da Igreja primitiva, moldada pelos cânones machistas de Paulo, foi ter criado uma hierarquia exclusivamente masculina – completamente alheia a Jesus, que desprezava as hierarquias e lavava os pés dos Apóstolos – e relegado as mulheres a um plano subalterno que persiste até hoje. Pode-se dizer que a ideia original de Jesus foi abortada logo após a sua morte, não só pelo afastamento das mulheres, das quais em vida ele nunca se separou, mas pela condenação dos escritos gnósticos – a primeira teologia do nascente cristianismo, que carecia de bases filosóficas – para dar corpo aos ensinamentos de Jesus. Como explicamos no começo deste livro, os escassos escritos gnóstico-cristãos que chegaram até nós se devem a monges do século IV que os enterraram em ânforas em virtude da perseguição aos cristãos gnósticos, que, aliás, foram grandes poetas, apesar da queima de centenas de escritos de cuja existência temos notícia por terem sido citados nas obras de alguns padres da Igreja. Graças a estes escritos, descobertos em 1940, fica cada vez mais claro que, se os gnósticos não tivessem sido perseguidos e condenados e tivessem participado da formação da nova Igreja em gestação, o cristianismo seria hoje completamente diferente e estaria com certeza mais próximo do Jesus histórico que, como vimos, se apossou de muitas ideias gnósticas. Com os gnósticos, teria caído por terra a doutrina do pecado original, e o seu resgate mediante a entrega voluntária de Jesus ao martírio da crucificação, e seriam mais importantes a nova sabedoria do mundo e dos homens, o maior conhecimento dos mecanismos da história e o estudo aprofundado das origens do universo. Para os gnósticos, a fusão entre o humano e o divino ocorria por meio do conhecimento numa única entidade. Os gnósticos não falavam de pecado e arrependimento, dois eixos da teologia católica tradicional. Jesus não teria vindo ao mundo para redimir a humanidade dos seus pecados, mas como um guia espiritual para abrir as portas do conhecimento, e teria feito esta raça humana compreender que estava fundada na violência e em inúteis sacrifícios aos deuses. Os gnósticos utilizavam o simbolismo sexual para descrever Deus, o que hoje fazem alguns teólogos modernos e os místicos fizeram ao longo da história da Igreja e, talvez por isso, sempre tenham sido encarados com preocupação pela Igreja oficial, que chegou a persegui-los como o Islã fez com os seus místicos, os sufis. No Evangelho gnóstico de Tomás, Jesus afirma: "Não sou o seu dono [...] Quem beber da minha boca será como eu; eu também serei ele e as coisas que lhe foram ocultadas serão reveladas." (Parágrafo 108.) Para muitos, este Jesus gnóstico é mais oriental do que ocidental, mais budista que católico. Os que se escandalizam ao ver que, nos Evangelhos gnósticos, Jesus beijava Madalena – que teria sido a sua companheira sentimental – "na boca", devem recordar a verdade gnóstica de que o conhecimento também se transmite pelo beijo. Hoje em dia, diversas teólogas católicas e protestantes consideram Madalena como a primeira Apóstola verdadeira, a quem Jesus teria confiado os elementos mais delicados e ocultos da sua mensagem. Foi a ela, e não a Pedro, que ele apareceu no dia da ressurreição, o que deixou São Tomás, que nunca o compreendeu, atormentado.

Em resumo, os gnósticos proclamavam uma teologia baseada na busca por Deus no âmago da consciência pessoal, e não num elemento exterior ao homem; defendiam uma religião com menos leis e mandamentos, menos política e com um caráter mais interno, centrada na busca da sabedoria e não na luta contra as paixões, como exponho no meu livro *Madalena, o Último Tabu do Cristianismo*. Para apreciar a força da poesia gnóstica, em que a sexualidade era o motor da sabedoria, quero terminar com um poema extraído da obra *El Trueno, la Mente Perfecta* [O trovão, a mente perfeita], de Luiz Martínez Merlo, que recorda o início do Evangelho de João, o qual, como explicamos, é o mais gnóstico de todos. Neste poema fica evidente o poder das mulheres no meio gnóstico, poder que ainda possuiriam se a Igreja não as tivesse afastado antes que conseguissem se afirmar:

Porque sou o princípio e o fim.
Sou a honrada e a esclarecida.
Sou a puta e a santa.
Sou a esposa e a virgem...
Sou a estéril,
e muitos são os seus filhos...
Sou o silêncio incompreensível...
Sou a pronúncia do meu nome.

Talvez o grande segredo de Jesus tivesse nome e sabor de mulher.

Conheça mais sobre nossos livros e autores no site
www.objetiva.com.br
Disque-Objetiva: (21) 2233-1388

Impressão e Acabamento: